CE1-CE2



# Lire + Comprendre

## Énonciation - Lexique - Pronoms - Implicite

## Le Petit Poucet
## Ali Baba et les 40 voleurs

**Isabelle Moëns-Guyot**
Professeure des écoles en REP

Textes des deux contes :
**Brigitte Saussard**

Illustrations du *Petit Poucet* et d'*Ali Baba* :
**Cyrielle**

RETZ
editions-retz.com

Je remercie Christophe, Marjorie et Roxane Guyot pour avoir supporté ce nouveau membre dans la famille depuis un an.

Merci aussi à Céline Berdegay, Sandrine Bouchard et Louise, Elodie Bourgeois, Gustave Chambaudy, Céline Charton, Claire Chevallier, Catherine Cousin, Marie Lay-David, Marie-Katia Legrand, Ludivine Levêque, Gaëlle Pesonel, Sandrine Rideau, Lana Sougey, Véronique et Charly Stevens, Anne-Laure Véricel pour m'avoir encouragée, conseillée, fait confiance, ou pour avoir testé la méthode ELPI.

Un immense merci à toute l'équipe qui a travaillé sur ce livre : Brigitte Saussard pour sa recherche de perfection, Nina Bahsoun pour sa patience infinie, Cyrielle Dufrechou pour sa réactivité et ses magnifiques illustrations, Violaine Delabre pour sa relecture attentive, et bien sûr à Claire Cabaret et Céline Lorcher pour leur accompagnement.

Cet ouvrage est conforme à la nouvelle orthographe
www.orthographe-recommandee.info

Conçu & fabriqué en France


Dépôt légal : mars 2024 – code éditeur : 387352
ISBN : 978-2-7256-4490-5

**Direction éditoriale :** Céline Lorcher

**Édition :** Claire Cabaret

**Création maquette (couverture et intérieur) :** Bertrand Loquet

**Adaptation maquette et mise en page :** Nina Bahsoun

**Corrections :** Violaine Delabre

Police SG Stylo © 4 HEURES octobre 2023

Photos : p. 48 © fiche 2A : gauche © iStock/Shamil ; droite : iStock/Emily Norton ; p.48 : © Bridgeman Images ; fiche Ali 2A : © iStock/Kuppa_rock ; fiche Ali 3A : © iStock/mladn61 ; fiche Ali 4A : ©iStock/Svittlana

Ce livre est imprimé sur du papier issu de forêts gérées durablement.

# Sommaire

# Présentation de la démarche générale : rendre visible la compréhension d'un texte narratif (Énonciation – Lexique – Pronoms – Implicite)

**Cet ouvrage offre aux élèves des outils méthodologiques systématiques leur permettant de comprendre des textes narratifs de manière autonome,** répondant ainsi aux attendus des programmes :

– Les démarches et stratégies permettant la compréhension des textes sont enseignées explicitement.

– La compréhension est la finalité de toutes les lectures. Dans la diversité des situations de lecture, les élèves sont conduits à identifier les buts qu'ils poursuivent et les processus à mettre en œuvre. Ces processus sont travaillés à de multiples occasions, mais toujours de manière explicite grâce à l'accompagnement du professeur.

– Les élèves sont amenés à parcourir les textes de manière rigoureuse.

Ces outils méthodologiques répondent également aux dernières recherches sur la compréhension en lecture de Laurent Lima et de Maryse Bianco[1], mais aussi de Roland Goigoux et Sylvie Cèbe[2].

Les recherches ont démontré l'importance d'un enseignement explicite de la compréhension, non seulement par des exercices répétés et systématiques, mais aussi par la démonstration des stratégies à utiliser pour comprendre.

La compréhension de récits passe par une intégration, régulation et une mémorisation progressives d'informations nouvelles pour se construire une représentation mentale ainsi que par la compréhension des pensées des personnages et des inférences.

**Ce fichier propose ainsi aux élèves un travail rigoureux qui rend visible les activités mentales de tout lecteur expert de textes narratifs.** Pour cela, chaque conte est divisé en 7 ou 8 épisodes, et à chaque épisode correspondent **une à deux séances de lecture** (fiches A) et **une séance de production d'écrit** pour approfondir la compréhension de cet épisode (fiches B).

**Les activités sur les fiches permettent de mettre en œuvre des stratégies de compréhension.**

▶ Sur les fiches A, les élèves apprennent à :

- **comprendre les paroles des personnages** grâce aux repères d'énonciation ;
- **comprendre le lexique** grâce au contexte ;
- **comprendre les reprises anaphoriques par un travail systématique sur les pronoms** et les groupes nominaux.

▶ Sur les fiches B, les élèves apprennent à :

- **inférer des relations causales** ;
- **inférer les émotions et pensées** des personnages ;
- **inventer des dialogues et se projeter** dans la suite de l'histoire.

Les fiches ont une forme identique, d'une part afin de ne pas mettre l'élève en difficulté face à une tâche inconnue, mais aussi afin de rendre les élèves autonomes.

Elles sont par ailleurs de difficulté progressive (textes de plus en plus longs, place des **incises** plus subtile, pronoms plus difficiles, mots de lexique plus nombreux, recherche de synonymes par les élèves eux-mêmes…) pour faire monter les élèves en compétences.

**Une reprise anaphorique :** mot de substitution pour désigner un personnage, un lieu ou un objet (il peut s'agir d'un pronom ou d'un groupe nominal).
**Une inférence :** opération logique par laquelle on admet une proposition en vertu de sa liaison avec d'autres propositions déjà tenues pour vraies.
**Une incise :** la phrase incise accompagne généralement les citations et les dialogues. Elle indique qui prend la parole dans un discours rapporté direct. La phrase incise contient un verbe de parole (dire, répondre, répliquer, protester, chuchoter, crier, implorer, etc.).

---

1. Maryse Bianco, Laurence Guérin, Laurent Lima, Mireille Nanot, Françoise Reale-Bruyat, *11 stratégies pour apprendre à comprendre des textes narratifs, cycle 3 - SEGPA*, Hatier, 2016.
2. Roland Goigoux, Sylvie Cèbe, *Lectorino & Lectorinette CE1-CE2 – Apprendre à comprendre les textes narratifs*, Retz, 2019.

Pour acquérir ces stratégies de compréhension, l'ouvrage propose de travailler sur deux contes classiques, faisant partie du patrimoine :

► *Le Petit Poucet*, destiné à des élèves de CE1 en période 1, 2 ou 3, selon le niveau de la classe.

► *Ali Baba et les 40 voleurs*, destiné à des élèves de CE1 en période 4 ou 5 ou en période 1 de CE2.

Pour que les élèves acquièrent les automatismes mis en œuvre dans cet ouvrage, il est recommandé d'étudier les deux contes selon la démarche proposée ici.

## Comment est rendu visible l'acte de compréhension ?

Pour que les élèves mettent en œuvre les différentes stratégies sans perdre le fil de la lecture, l'ouvrage propose une mise en page en colonnes avec deux ou trois activités systématiques à effectuer au fil de leur lecture :

Nom: ........ Date: ........ Fiche 3A

**Le Petit Poucet - Épisode 3**

B Paroles du père — J Paroles de la mère — Ro Paroles de l'homme

| | |
|---|---|
| Pendant ce temps, les parents | |
| étaient rentrés à la maison. | leur : ........ |
| Un homme frappa à la porte. | il : ........ |
| — Tenez, leur dit-il. Voici l'argent | **le seigneur :** le chef du village |
| que **le seigneur** vous doit. | vous : ........ |
| Et il leur donna **une bourse** | il : ........ |
| bien remplie. | leur : ........ |
| La bucheronne acheta de la viande | **une bourse :** ☐ une bouteille ☐ un portemonnaie |
| et à la fin du repas il en restait encore | |
| beaucoup. | |

La colonne de gauche contient le texte, dans lequel sont soulignés les pronoms. Les mots de sens complexe sont en gras.

En colonne de droite, les élèves doivent indiquer à qui correspond chaque pronom, et cocher un synonyme parmi deux propositions.

Ils doivent aussi surligner de la couleur qui convient les paroles des personnages.

Une fois ce travail effectué, les élèves peuvent lire le texte de manière dialoguée et expressive.

En parallèle, l'enseignant **construit avec les élèves des affiches** permettant **d'institutionnaliser les connaissances acquises sur les pronoms** (structuration grammaticale en classant les pronoms par genre et par nombre), **ainsi que sur les dialogues** (verbes d'énonciation, ponctuation et mise en page).

**Institutionnaliser** : l'enseignant reconnait les apprentissages réalisés et leur assigne un nouveau statut de savoir ou de savoir-faire.
**Les verbes d'énonciation** tels que « dire », « affirmer », « annoncer » sont employés pour indiquer qui parle et rapporter les paroles des personnages de manière directe.

## Programmation dans la semaine et par période

Les semaines peuvent s'organiser de deux façons :

| **3 séances par semaine** | **2 séances par semaine** |
|---|---|
| 1 séance de 45 min pour le début d'un épisode (fiche A) | 1 séance d'1 heure 15 min pour l'épisode en entier (fiches A d'un même épisode) |
| 1 seconde séance de 45 min pour la fin d'un épisode (Fiche A) | |
| 1 séance de 45 min à 1 h pour les fiches B (questions de compréhension et/ ou production d'écrit) | 1 séance de 45 min à 1 h pour les fiches B (questions de compréhension et/ou production d'écrit) |

Il est conseillé de commencer lentement en étudiant sur deux séances les deux fiches A d'un même épisode. Puis, lorsque les élèves sont habitués au déroulement, l'étude d'un épisode complet par séance est possible.

La lecture du *Petit Poucet* se déroule donc sur 8 semaines (8 épisodes) ; la lecture d'*Ali Baba* sur 7 semaines (7 épisodes).

La dernière semaine, une séance supplémentaire est à prévoir pour faire passer les **évaluations** sur les pronoms personnels et le lexique.

# Deux niveaux de différenciation : fiches * et **

## Fiches A pour la lecture

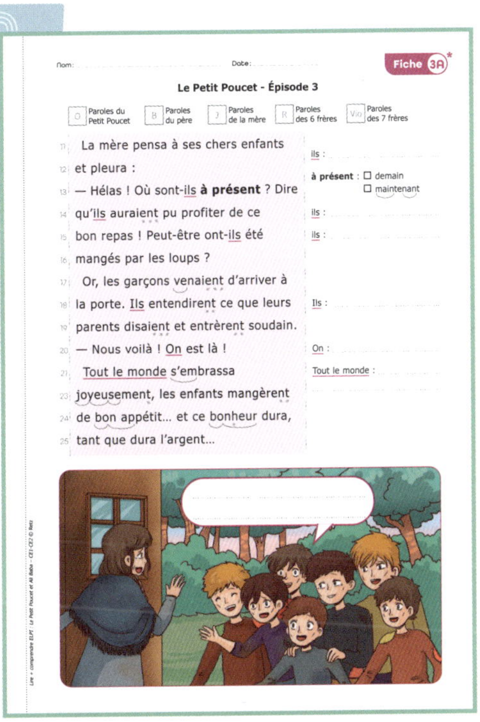

Nom : ........ Date : ........ **Fiche 3A***

**Le Petit Poucet - Épisode 3**

☐ Paroles du Petit Poucet ☐ Paroles du père ☐ Paroles de la mère ☐ Paroles des 6 frères ☐ Paroles des 7 frères

La mère pensa à ses chers enfants et pleura : — Hélas ! Où sont-ils **à présent** ? Dire qu'ils auraient pu profiter de ce bon repas ! Peut-être ont-ils été mangés par les loups ? Or, les garçons venaient d'arriver à la porte. Ils entendirent ce que leurs parents disaient et entrèrent soudain. — Nous voilà ! On est là ! Tout le monde s'embrassa joyeusement, les enfants mangèrent de bon appétit... et ce bonheur dura, tant que dura l'argent...

ils : ........

**à présent** : ☐ demain ☐ maintenant

ils : ........

ils : ........

Ils : ........

On : ........

Tout le monde : ........

*Marquage des lettres muettes et des syllabes*

## Fiche B pour la production d'écrit

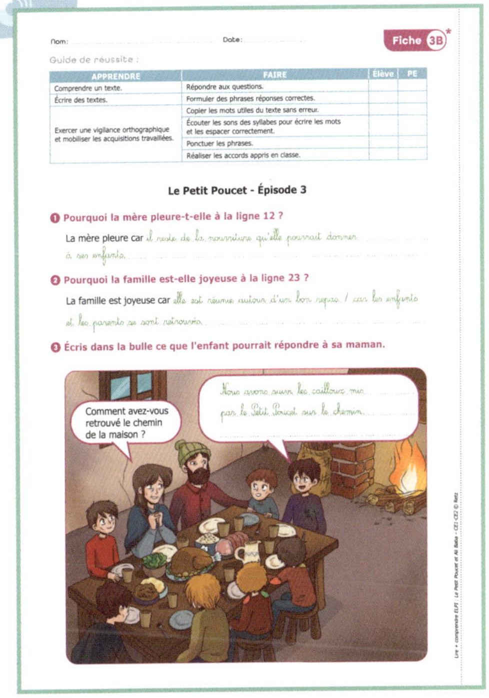

Nom : ........ Date : ........ **Fiche 3B***

Guide de réussite :

| APPRENDRE | FAIRE | Élève | PE |
|---|---|---|---|
| Comprendre un texte. | Répondre aux questions. | | |
| Écrire des textes. | Formuler des phrases réponses correctes. | | |
| Exercer une vigilance orthographique et mobiliser les acquisitions travaillées. | Copier les mots utiles du texte sans erreur. | | |
| | Écouter les sons des syllabes pour écrire les mots et les espacer correctement. | | |
| | Ponctuer les phrases. | | |
| | Réaliser les accords appris en classe. | | |

**Le Petit Poucet - Épisode 3**

❶ **Pourquoi la mère pleure-t-elle à la ligne 12 ?**

La mère pleure car *il reste de la nourriture qu'elle pourrait donner à ses enfants.*

❷ **Pourquoi la famille est-elle joyeuse à la ligne 23 ?**

La famille est joyeuse car *elle est réunie autour d'un bon repas / car les enfants et les parents se sont retrouvés.*

❸ **Écris dans la bulle ce que l'enfant pourrait répondre à sa maman.**



*Avec amorces de réponse systématiques et pointillés (fiche à télécharger dans les ressources numériques)*

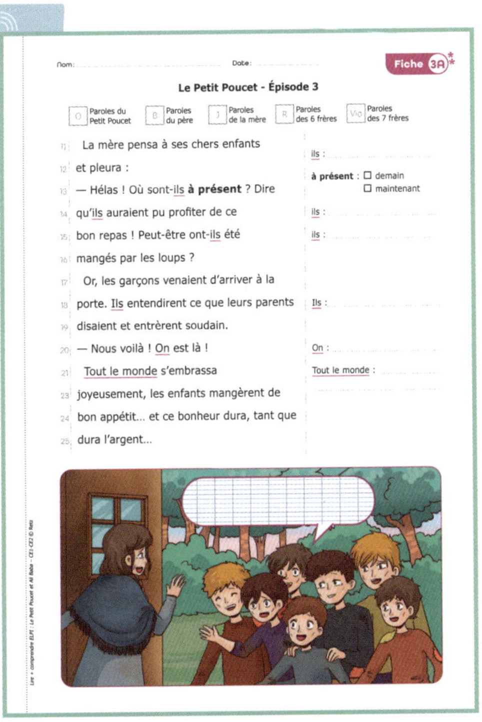

Nom : ........ Date : ........ **Fiche 3A****

**Le Petit Poucet - Épisode 3**

☐ Paroles du Petit Poucet ☐ Paroles du père ☐ Paroles de la mère ☐ Paroles des 6 frères ☐ Paroles des 7 frères

La mère pensa à ses chers enfants et pleura : — Hélas ! Où sont-ils **à présent** ? Dire qu'ils auraient pu profiter de ce bon repas ! Peut-être ont-ils été mangés par les loups ? Or, les garçons venaient d'arriver à la porte. Ils entendirent ce que leurs parents disaient et entrèrent soudain. — Nous voilà ! On est là ! Tout le monde s'embrassa joyeusement, les enfants mangèrent de bon appétit... et ce bonheur dura, tant que dura l'argent...

ils : ........

**à présent** : ☐ demain ☐ maintenant

ils : ........

ils : ........

Ils : ........

On : ........

Tout le monde : ........

*Sans étayage pour la lecture*

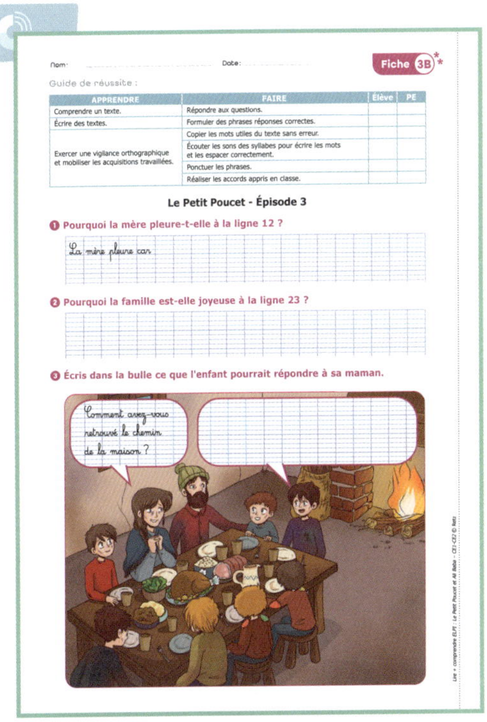

Nom : ........ Date : ........ **Fiche 3B****

Guide de réussite :

| APPRENDRE | FAIRE | Élève | PE |
|---|---|---|---|
| Comprendre un texte. | Répondre aux questions. | | |
| Écrire des textes. | Formuler des phrases réponses correctes. | | |
| Exercer une vigilance orthographique et mobiliser les acquisitions travaillées. | Copier les mots utiles du texte sans erreur. | | |
| | Écouter les sons des syllabes pour écrire les mots et les espacer correctement. | | |
| | Ponctuer les phrases. | | |
| | Réaliser les accords appris en classe. | | |

**Le Petit Poucet - Épisode 3**

❶ **Pourquoi la mère pleure-t-elle à la ligne 12 ?**

*La mère pleure car*

❷ **Pourquoi la famille est-elle joyeuse à la ligne 23 ?**

❸ **Écris dans la bulle ce que l'enfant pourrait répondre à sa maman.**



*Avec amorces de réponse pour les questions les plus difficiles et interlignes Seyès*

Lorsqu'un enseignant estime qu'un élève qui utilise habituellement les fiches A* ou B* est prêt à passer à une fiche A** ou B**, il les lui distribue. Si c'est trop difficile, il peut lui redonner, en cours de séance, ou à la séance suivante, la fiche A* ou B*.

# Déroulements types des séances

## I. Déroulement des séances de lecture-compréhension de l'explicite (fiches A)

| Étapes | Mode | Durée | Déroulement des séances |
|---|---|---|---|
| **Étape 1** | En collectif | 3 minutes | Reformulation et relecture de l'épisode précédent |
| **Étape 2** | | 5 minutes | Compréhension de l'illustration |
| **Étape 3** | | 1 minute | Coloriage des cases de la légende pour les paroles des personnages |
| **Étape 4** | | 1 minute | Aide au déchiffrage de certains mots complexes |
| **Étape 5** | Travail individuel | Environ 15 minutes par fiche (compter 1 minute par ligne de texte) | Retrouver à qui correspondent les pronoms soulignés (activité à faire dans la colonne de droite). |
| | | | Surligner les paroles des personnages dans le texte. |
| | | | Recopier les paroles dans la bulle de l'illustration. |
| | | | Définir les mots mis en gras (activité à faire dans la colonne de droite). |
| **Étape 6** | En collectif | 15 minutes par demi-épisode ; 25 min par épisode complet | Mise en commun et correction pour expliciter les démarches mises en œuvre par chacun pour comprendre. |
| | | 5 à 10 minutes | Élaboration des affiches des pronoms personnels et d'énonciation. |
| **Étape 7** | En collectif | 5 à 10 minutes | Entrainement à la lecture expressive du texte. |

**Vidéoprojecteur ou pas ?**
Idéalement, l'utilisation d'un vidéoprojecteur est souhaitable afin de projeter le texte et de pouvoir relier chaque pronom à son référent et d'entourer les paroles.
Si la classe n'en possède pas, il faut s'assurer que tous les élèves puissent suivre le travail au fur et à mesure sur leur fiche.
Ou bien, en amont de la séance, l'enseignant peut recopier le texte sur une affiche (ou au tableau) , en respectant l'exacte mise en page. Avec les élèves, il écrit à droite de l'affiche ou du tableau, la correction progressive de la colonne de droite.

Les grandes lignes de la démarche sont décrites ci-après. Elles sont ensuite reprises avec tous les détails utiles pour chaque épisode des deux contes (voir *Guide pédagogique du Petit Poucet* p. 20 et *Guide pédagogique d'Ali Baba et les 40 voleurs*, p. 41).

### 1. Reformulation puis relecture de l'épisode précédent (à partir de l'épisode 2) (3 minutes)

Un ou deux élèves reformulent d'abord le texte ou l'épisode précédent, pour apprendre à mémoriser (Cf. les recherches de Roland Goigoux et Sylvie Cèbe).

Porter une attention particulière aux élèves qui ont du mal à formuler et organiser une pensée, car ce sont eux qui ont le plus besoin de cette phase.

À chaque début de séance, l'enseignant explicite l'intérêt de ce moment :

– mémoriser les noms des personnages et leurs liens ;
– mémoriser les informations importantes et leurs liens ;
– mémoriser l'enchainement des actions ;
– mémoriser les émotions des personnages.

Pendant la reformulation, des doutes peuvent survenir (par exemple, les élèves ne se souviennent plus du nombre exact de frères du Petit Poucet ; ou bien si ce ne sont que des frères ou s'il y a aussi des sœurs, etc.)

Une relecture s'avère alors nécessaire pour lever les ambiguïtés (relecture expressive et dialoguée).

## 2. Compréhension collective de l'illustration (5 minutes)

Observer collectivement l'illustration de l'épisode travaillé (ou les deux illustrations lorsque l'épisode est étudié en une seule séance) pour chercher à la comprendre et émettre des hypothèses sur le récit.

Ne jamais donner la réponse. Justifier la nécessité de lire pour valider ou infirmer les hypothèses.

Lorsque le cas se présente, indiquer aux élèves qu'une bulle de parole sera à compléter pendant ou après la lecture du texte de la page, et le cas échéant, la relier au personnage qui parle.

## 3. Coloriage des cases de la légende pour les paroles des personnages (1 minute)

Chaque élève colorie toutes les cases situées au-dessus du texte. Les initiales des couleurs sont indiquées dans les cases et au début du guide pédagogique de chaque conte.

Si l'épisode est étudié en entier, colorier toutes les légendes des deux textes en une fois.

Si l'épisode est étudié en deux séances, colorier la légende texte par texte.

Certains épisodes n'ont pas de légende (c'est le cas de l'épisode 1 du *Petit Poucet*, par exemple) parce qu'aucun personnage ne parle.

## 4. Aide au déchiffrage de certains mots complexes (1 minute)

L'enseignant écrit au tableau, si nécessaire, les mots du texte que l'ensemble de la classe pourrait avoir du mal à déchiffrer (eut, purent...) et en explique le sens, au besoin.

> Les mots sont listés au début de chaque épisode dans les guides pédagogiques des contes. Ils sont donnés à titre indicatif. À chaque enseignant de préparer la liste nécessaire à ses propres élèves.

Sur les fiches A*, les mots de ces listes sont marqués d'étoiles pour les lettres muettes et/ou de barques pour la lecture des syllabes. S'y ajoutent d'autres mots plus fréquents, mais pouvant aussi poser des difficultés aux petits lecteurs.

### Comment ont été choisies les lettres muettes ?

– Les lettres muettes marquées d'une étoile sont souvent **sous les lettres du pluriel des verbes** (***-ent*** ou ***-nt***) quand il peut y avoir ambiguïté entre lire [ã] et lire [ə] (ex. : « disparurent »).

– Au début du *Petit Poucet*, ces lettres sont aussi **marquées aux terminaisons des verbes à l'imparfait** pour soulager les élèves qui découvrent à la fois une nouvelle histoire, les temps du passé et les nouvelles consignes. Au fur et à mesure de l'histoire, les élèves se seront familiarisés avec ces terminaisons : les lettres ***-ent*** à la fin des verbes à l'imparfait ne sont plus marquées mais continuent de **l'être pour le passé simple des verbes irréguliers pour lesquels le radical ne ressemble pas à l'infinitif** (ex. : Il est plus difficile de lire la terminaison de « mirent » que de « mangèrent ».)

– Les étoiles sont parfois aussi **sous les lettres muettes de mots inconnus** (ex. : logis) **ou de mots irréguliers** (ex. : longtemps » ou le ***g***, le ***p*** et le ***s*** sont muets).

### Comment ont été choisies les syllabes ?

Les syllabes marquées de « barques » aident les élèves à savoir quelles lettres lire ensemble. En particulier, ils hésitent quand il faut séparer :

– les lettres ***o*** et ***n*** dans « bucheronne » par exemple,

– les lettres ***e*** et ***n*** dans « tenez », etc.

Les syllabes sont aussi signalées dans certains mots longs (ex. : impressionné).

> Les marquages proposés correspondent aux difficultés les plus fréquentes. Il appartient à chaque enseignant, avant la séance, de vérifier et modifier au besoin ces guidages, en fonction de ses propres élèves.

## 5. Travail individuel écrit

Les élèves sont maintenant prêts à lire le texte de la colonne de gauche. Au fur et à mesure de leur lecture ou de leur relecture, ils cherchent à :

**Identifier qui parle** en surlignant les paroles des personnages dans le texte, selon le code couleur établi dans la légende.

**Recopier les paroles des personnages dans la bulle** et relier la bulle au personnage qui parle le cas échéant.

**Identifier à qui correspondent les pronoms et reprises nominales** en écrivant le nom du personnage ou de l'objet dans la colonne de droite.

**Comprendre le lexique grâce au contexte** en cochant le synonyme qui convient le mieux, ou en écrivant un synonyme dans la colonne de droite.

L'ordre de ces quatre tâches n'a pas d'importance. Les élèves peuvent s'organiser de deux façons différentes :

– ils remplissent la colonne de droite au fur et à mesure de leur lecture ;
– ils lisent le texte une première fois avant de réaliser le travail écrit.

Les deux procédures sont possibles.

Même si l'épisode est étudié en entier, une première mise en commun peut être effectuée à la fin de la première partie, afin d'aider les élèves qui auraient mal compris le début.

### Cas particulier du déroulement de la séance de lecture du premier épisode[3]

Comme il y a beaucoup de consignes à donner sur un même texte, certains élèves peuvent se retrouver en difficulté. Il est donc recommandé de procéder item par item et de corriger au fur et à mesure.
Faire lire la première phrase du texte par un élève. Expliquer la première chose à faire dans la colonne de droite (cocher le synonyme ou écrire le groupe nominal qui correspond au pronom personnel) puis chacun répond individuellement. Puis les élèves prennent un stylo de couleur différente pour corriger. Lorsque tout le monde est prêt, la correction a lieu au tableau. Bien sûr les explications sont données pour aider les élèves qui se sont trompés ou qui n'ont pas su répondre. L'élaboration des affiches commence.
Procéder de la même façon, phrase après phrase, item par item, en corrigeant au fur et à mesure, de manière à ce que les élèves comprennent les consignes et prennent déjà des indices de bonne compréhension.
Lorsque des guillemets ou des tirets sont repérés, faire colorier les paroles/pensées des personnages.

## 6. Mise en commun et correction pour expliquer les démarches de chacun – Élaboration des affiches des pronoms personnels et d'énonciation

**L'enseignant veille, lors de chaque mise en commun orale, à faire expliciter ce qui a permis de trouver la bonne réponse. C'est lors de cette phase que les élèves apprennent à comprendre.** La « bonne » réponse importe presque moins que l'explication de l'élève pour la trouver.

La correction de la colonne de droite et du coloriage des paroles des personnages se fait au fur et à mesure de la lecture du texte, phrase après phrase.

Il est conseillé de vidéoprojeter le texte du fichier et d'écrire au tableau les corrigés au fur et à mesure de la mise en commun.

Important : ne surtout pas projeter la fiche de correction prévue dans les ressources numériques, sinon les élèves n'apprendront pas à comprendre. Cette fiche « corrigé » est là pour récapituler les réponses attendues.

Au fur et à mesure des épisodes, compléter l'affiche des repères d'énonciation (voir par exemple Guide pédagogique du *Petit Poucet*, p. 21).

Au fur et à mesure de la rencontre d'un pronom, compléter l'affiche des pronoms (voir par exemple le guidage du *Petit Poucet*, p. 22).

Les affiches doivent être suffisamment grandes pour être visibles de tous à chaque début de séance. Si on étudie le *Petit Poucet* puis *Ali Baba*, il est possible et même souhaitable d'enrichir l'affiche constituée lors de la lecture du *Petit Poucet*. Les élèves comprendront d'autant mieux la permanence des règles ainsi établies.

### • Comment identifier qui parle dans un texte ?

Lorsqu'un tiret ou des guillemets sont repérés, un élève vient au tableau entourer les paroles avec la couleur prévue dans la légende. **Il lit à haute voix en même temps qu'il entoure.**

3. Ici le premier épisode fait référence au premier épisode du conte étudié en premier : soit le *Petit Poucet*, soit *Ali Baba et les 40 voleurs*.

Si les élèves n'ont jamais eu l'explication des guillemets et des tirets de dialogues, il est nécessaire de leur expliquer la signification de ces signes avant de commencer le travail individuel.

L'élève, aidé de l'enseignant, explicite comment il a identifié qui parle (à choisir selon la situation) :

– Il s'est appuyé sur la ponctuation (tirets pour les paroles ou guillemets pour les pensées).
– Il s'est appuyé sur les verbes d'énonciation (*dit, s'exclame, chuchote*...).
– Il s'est appuyé sur le sens de la phrase précédant le tiret ou les guillemets, ou sur les incises (*dit le papa*).
– Il a remarqué la mise en forme : le retour à la ligne signifie que le personnage arrête de parler et qu'un autre personnage prend la parole, ou c'est la narration qui reprend.
– Il sait que deux tirets consécutifs indiquent que l'interlocuteur change.
– Il n'a pas colorié les incises du narrateur (au besoin, faire jouer la scène).

**L'enseignant doit insister <u>à chaque séance</u> sur la nécessité de lire en même temps que de surligner. Sinon l'élève se trompera dès qu'il y aura une incise.**

Immédiatement après le coloriage des paroles sur le texte au tableau, l'enseignant rédige une affiche récapitulative afin d'institutionnaliser l'identification des paroles dans un texte.

Voici page suivante l'affiche référente terminée lorsque les trois types d'incises auront été rencontrés :

1/ Le personnage et le verbe d'énonciation sont annoncés avant les paroles.
2/ Le personnage et le verbe d'énonciation sont annoncés après les paroles.
3/ Le personnage et le verbe d'énonciation sont annoncés au milieu des paroles, sans retour à la ligne dans les paroles.

L'affiche est à rédiger en trois temps. Des indications plus précises de rédaction progressive seront données dans les guides pédagogiques des contes.

**Explications données à l'oral :**

1/ C'est *Bleu* qui parle car c'est écrit avant les paroles et il y a deux points et un tiret.

On voit un retour à la ligne sans tiret : on passe donc au narrateur.
Pas de surlignage pour le narrateur.

2/ C'est *Vert* qui parle puisqu'il y a un tiret et que c'est écrit à la fin des paroles.

3/ C'est *Bleu* qui répond : il y a un nouveau tiret et c'est écrit. L'incise ne doit pas être coloriée car c'est le narrateur qui raconte. Comme il n'y a pas de retour à la ligne, *Bleu* continue de parler.

On voit un retour à la ligne sans tiret : on passe donc au narrateur. Pas de surlignage pour le narrateur.

Un nouveau personnage vient d'être nommé et il y a un tiret : c'est *Rose* qui parle.

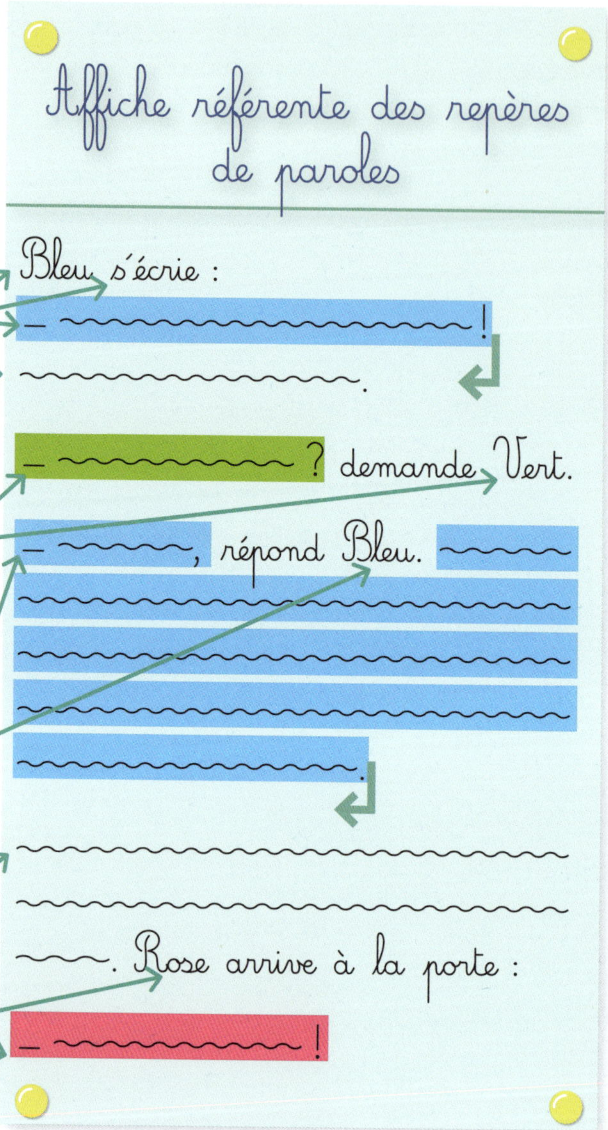


Attirer l'attention des élèves sur le surlignage des repères de paroles que sont les tirets (ou guillemets) ainsi que sur le surlignage de la ponctuation à la fin de la prise de parole ( ! , ? ; ...)

L'enseignant choisit de faire surligner, colorier ou souligner les paroles des personnages en fonction du matériel disponible en classe. Les couleurs restent identiques pour un même personnage tout au long du conte.
Les couleurs choisies pour les personnages principaux sont plutôt celles que l'on trouve dans les surligneurs classiques. Pour les personnages secondaires, l'usage du crayon de couleur sera préféré.

Demander ensuite aux élèves le ton avec lequel il faudrait les lire, en s'appuyant sur les verbes d'énonciation. Les points d'exclamation et d'interrogation prennent alors du sens car les élèves comprennent à quoi ils servent. Si la ponctuation a été évoquée en grammaire, faire le lien entre la lecture expressive et la grammaire.

### • Comment recopier les paroles des personnages et relier la bulle au personnage qui parle ?

L'enseignant explicite la démarche pour recopier sans erreur : il faut lire le texte colorié, vérifier que l'incise n'est pas coloriée. Puis, écrire en lisant et en photographiant les mots.

Certains élèves choisissent de recopier les paroles dès qu'ils ont repéré le tiret dans le texte. Le recopiage permet un contrôle de la compréhension car si les élèves ont colorié trop vite, ou sans lire, ils risquent de recopier l'incise.

Dans certaines illustrations, la bulle n'a pas de pointe. L'enseignant invite alors les élèves à relier la bulle au personnage qui parle, en fonction de leur compréhension du texte, avant de recopier les paroles. Dans d'autres textes, plusieurs personnages parlent, mais l'unique bulle pointe un personnage précis. Les élèves doivent donc identifier dans le texte quelles paroles recopier.

## • Comment identifier à qui correspondent les pronoms et reprises nominales ?

Lorsqu'un pronom personnel souligné est rencontré, un élève vient au tableau entourer l'antécédent de ce pronom (mot représenté par le pronom qui le reprend).

Il était une fois **un bucheron** et sa bucheronne qui vivaient dans la **misère.** Ils avaient sept jeunes garçons et n'avaient plus assez d'argent pour les nourrir.

Le plus jeune des fils était très petit mais il était aussi le plus malin. À sa naissance, on l'avait appelé le Petit Poucet car il n'était pas plus gros qu'un pouce.

Les élèves ne doivent pas dessiner les liens/flèches sur leur propre fiche, sous peine de la rendre illisible.

Attention à ne pas surcharger le texte collectif au tableau en entourant systématiquement les pronoms et en les reliant aux antécédents. Les effacer au fur et à mesure pour garder un texte lisible.

Au fil des épisodes, il ne sera peut-être plus utile de rechercher les antécédents lorsque la majorité des élèves aura compris. Ne les rechercher que si les propositions des élèves diffèrent.

L'élève, aidé de l'enseignant, explicite comment trouver qui "se cache" derrière le pronom personnel (choisir l'explication appropriée selon la situation) :

- Chercher au début de la ligne ou dans les lignes précédentes qui est désigné en dernier, ou en avant-dernier.
- Faire attention au genre et au nombre du pronom et veiller à ce qu'ils correspondent au genre et au nombre de l'antécédent.
- Remplacer le pronom personnel sujet par un groupe nominal pour vérifier (ex. : elle → la bucheronne) : effectuer le remplacement à l'oral.

Faire de même avec les pronoms personnels compléments. La structure de la phrase doit changer un peu, donc c'est plus difficile : l'enseignant fait la transformation tant que c'est nécessaire. Ex. : Les parents n'avaient plus d'argent pour *les* nourrir. → Les parents n'avaient plus d'argent pour nourrir qui ? *les* = les sept jeunes garçons. Comme *les* est au pluriel, il faut chercher plusieurs personnes ou un GN pluriel.

Immédiatement après avoir rencontré un nouveau pronom, l'enseignant l'écrit sur l'affiche des pronoms personnels qui s'élabore petit à petit.

Voici ci-dessous l'affiche référente terminée lorsque tous les pronoms personnels ont été rencontrés, après lecture du *Petit Poucet* :

| Pronoms personnels sujets | Noms | Pronoms personnels compléments |
|---|---|---|
| ***ils*** (Ép. 1) | ou | ***les*** (Ép. 1)<br>***leur*** (Ép. 3)<br>***eux*** (Ép. 7) |
| ***il*** (Ép. 1) | | ***lui*** (Ép. 4)<br>***le*** (Ép. 7) |
| ***Je*** (Ép. 1)<br>***j'*** (Ép. 6) | | ***moi*** (Ép. 2) |
| ***nous*** (Ép. 1)<br>***on*** (Ép. 3) | | |
| ***vous*** (Ép. 2) | ou une seule personne que l'on vouvoie | ***vous*** (Ép. 8) |
| ***elle*** (Ép. 5) | | |
| ***elles*** (Ép. 7) | ou nom d'objet au féminin pluriel | ***les*** (Ép. 7) |

N'introduire les termes « sujets » et « compléments » que s'ils sont familiers des élèves.

### • Comment comprendre le lexique grâce au contexte ?

Lorsqu'un mot en gras est rencontré, l'enseignant demande à un élève ce qu'il a coché et de justifier son choix.

L'élève, aidé de l'enseignant, explicite les moyens de comprendre un mot nouveau :
- On peut remplacer le mot dont il faut comprendre le sens par l'un des synonymes proposés dans la colonne de droite (ex. : la misère = la richesse ou la pauvreté ?).
- On peut chercher ce qui a du sens, et éliminer ce qui n'a pas de sens par rapport au contexte (procédure par élimination).
- On peut s'appuyer sur les familles de mots (ex. : guerre, guerroyer).

Dans le cas où les élèves écrivent des synonymes par eux-mêmes, leurs propositions sont dites à haute voix et la classe les valide ou non, en justifiant. Parfois, cela ne sera pas le synonyme le plus approchant et dans ce cas, l'enseignant énoncera le « bon » synonyme, tout en acceptant les propositions plausibles.

Ex. : « Il était une fois un bucheron et sa bucheronne… » Si un élève propose bucheron = menuisier, c'est plausible dans le texte. Mais ce n'est pas le véritable sens du mot. On explique alors que c'est un homme qui coupe du bois, pour ne pas laisser l'élève dans l'erreur.

L'important est que les élèves ne restent pas bloqués face à un mot inconnu lors de leurs lectures autonomes et qu'ils prennent l'habitude de trouver des synonymes d'après le contexte.

### • Conclusion de la mise en commun

Lors de la mise en commun, les élèves lèvent les ambigüités sur l'explicite du texte en confrontant leurs stratégies.

Ils valident ou infirment leurs hypothèses émises lors de la lecture de l'illustration, en début de séance.

**Une harmonie de compréhension du texte explicite s'opère.** Et par là même, certains points de l'implicite sont déjà levés et des images mentales se créent après la lecture de la fiche A de chaque épisode.

À force de répéter les mêmes raisonnements lors des mises en commun, les élèves deviennent des lecteurs experts.

Car **les textes ont beau être tous différents, la façon de les comprendre fonctionne sur des mécanismes répétitifs !**

**Que faire si un élève est toujours en difficulté dans son travail individuel ?**
Si, malgré le travail sur la première moitié du conte, un élève ne comprend toujours pas :
- Il peut être gêné par des personnes qui parlent ou chuchotent dans la classe (double niveau, enseignant qui fait venir les élèves qui ont fini au bureau...). Il est alors essentiel de tester sa compréhension dans un endroit où règne le silence, ou bien de lui proposer un casque anti-bruit !
- Il a besoin d'oraliser le texte. Comme cela va gêner les autres, lui proposer de s'isoler, autant que faire se peut.

## 7. S'entrainer à la lecture expressive du texte (5 à 10 minutes)

À ce moment de la séance, les élèves ont envie de lire le texte de manière dialoguée, en incarnant un rôle, narrateur compris.

Ils en ont aussi les compétences : ils savent quelle émotion donner lorsqu'il y a des points d'exclamation ou d'interrogation.

C'est le moment de marquer des petits traits pour les liaisons oubliées, si nécessaire.

Pour ne pas lasser les élèves par trop de lectures dialoguées, l'enseignant peut faire lire les élèves à son bureau, pendant que les autres s'entrainent en silence ou travaillent en autonomie.

## Récapitulatif des consignes au début des séances suivantes

Au début de la deuxième séance ou troisième séance, réaliser l'affiche suivante en réexpliquant aux élèves les consignes.

Laisser cette affiche visible au début de chaque séance, pour que les élèves puissent s'y référer.

### Explications données à l'oral :

1. Surligner/colorier les paroles des personnages en faisant attention à l'incise et au retour à la ligne.
2. Recopier les paroles des personnages dans la bulle (et dessiner la pointe si besoin).
3. Écrire sur les pointillés à quel nom correspond le pronom personnel. (Qui est « il » ou « elle » ?)
4. Cocher la case du synonyme qui convient.
5. S'entrainer à lire silencieusement.

## II. Déroulement des séances de compréhension de l'implicite et de production d'écrit (fiches B)

Maintenant le texte est compris explicitement grâce au travail sur les fiches A, et il est correctement lu et entendu. Il est alors possible de chercher à comprendre l'implicite du texte et de se faire des images mentales, en répondant aux questions de compréhension et en écrivant des textes.

Les fiches B* (à télécharger dans les ressources numériques) s'adressent aux élèves qui sont plus à l'aise pour écrire sans interlignes et proposent toutes une amorce pour aider à la formulation de phrases complètes.

Les fiches B** proposent une amorce de réponse au début des contes. À partir de l'épisode 3, les amorces de réponse sont réservées aux tournures de phrases plus difficiles. L'enseignant doit avertir les élèves concernés qu'ils devront rédiger une phrase complète pour répondre.

> *N.B.* : Pour **différencier** davantage les fiches B, l'enseignant peut choisir de retirer une question ou une production d'écrits pour quelques élèves particulièrement lents, ou en difficulté. Dans ce cas, il signale à l'enfant par écrit ce qu'il ne doit pas réaliser.
> Il est aussi possible de répondre à certaines questions en dictée à l'adulte.

### 1. Reformulation et relecture expressive du texte de l'épisode

Quelques élèves reformulent et relisent l'épisode entier, avec le ton et de manière dialoguée, pour se remémorer l'histoire.

### 2. Lecture du guide de réussite

Demander à des élèves de lire la colonne « Faire » du guide de réussite où sont écrites les consignes. Ce sont les points auxquels ils vont devoir faire attention pendant le travail sur la fiche B.

Selon la classe et le moment de l'année, demander aux élèves de s'autoévaluer, ou pas, dans la colonne « Élève ». Le cas échéant, une fois le travail terminé, ils doivent relire chaque ligne du guide de réussite, relire leurs réponses, se corriger si nécessaire puis s'autoévaluer.

### 3. Travail individuel écrit

La lecture des questions peut se faire selon plusieurs modalités au choix : en collectif, en individuel, ou lire uniquement les questions pour les élèves qui en ont besoin. Puis les élèves se mettent au travail individuellement. L'enseignant passe aider ceux qui en ont besoin (pour la rédaction, l'encodage, la formulation, l'organisation du travail...).

À la fin du travail individuel, des élèves relisent pour la classe les lignes du guide de réussite. Inviter les élèves à se relire, à se corriger au besoin, et à s'auto-évaluer dans la colonne « Élève ».

### 4. Mise en commun et correction pour expliciter les démarches pour comprendre l'implicite

Cette mise en commun est une nouvelle occasion pour les élèves **d'apprendre à comprendre l'implicite et à se forger des images mentales** d'un texte car ils confrontent leurs stratégies qui ont conduit à ces réponses.

Pour une même question, plusieurs réponses sont parfois possibles. Les élèves proposent aussi souvent des réponses différentes. Dans ce cas, les élèves contrôlent leur compréhension en justifiant leurs réponses, en s'appuyant sur le texte bien sûr.

> L'enseignant complète l'explication des élèves, si nécessaire. Pour répondre à une question :
> – Il faut se référer à ce qui est écrit juste avant, car les idées du texte s'enchainent petit à petit, c'est-à-dire raisonner pour comprendre.
> – Mémoriser le(s) texte(s) précédent(s).
> – Se mettre dans la peau du personnage permet de mieux comprendre comment il réagit.

Il est recommandé d'expliciter à nouveau ces trois stratégies au début des séances sur les fiches B, ou de les écrire sur une affiche référente. Cela aidera les élèves les plus en difficulté à trouver les réponses.

La prise de correction par les élèves est effectuée avec un stylo de couleur différente de leurs réponses. Elle peut être aussi effectuée intégralement au tableau afin de favoriser les échanges oraux pendant la mise en commun.

### 5. Cas des questions de productions d'écrits inventées

Un élève ou l'enseignant lit la consigne.

Une lecture collective de l'illustration est faite pour que les élèves proposent ce qu'ils vont écrire.

**Cette étape collective à l'oral est essentielle car elle permet la préparation à l'écriture :**

- Du point de vue du sens, les phrases doivent être plausibles et correspondre au contexte.
- Du point de vue grammatical, les phrases doivent être syntaxiquement correctes, les mots bien prononcés, le lexique adapté et la conjugaison aussi.
- Toute erreur doit être corrigée par les autres élèves ou par l'enseignant.

L'enseignant écrit au tableau certains mots difficiles à encoder. Ou bien écrit quelques mots à certains élèves sur leur ardoise, en guise d'**aide différenciée**.

L'enseignant encourage aussi à recopier certains mots à partir du texte de l'histoire ou à partir des outils de la classe (affichages, cahier répertoire etc.)

Une fois ce travail oral préparé, les élèves se mettent à écrire.

### 6. Correction finale de l'enseignant

Utiliser le codage habituel (A (acquis), EC (en cours d'acquisition), AR (à revoir), NA (non acquis) ou TB, B, AB ou A, B, C, ou des points de couleur, etc.) dans la colonne de droite des guides de réussite (PE pour professeur des écoles).

Cette décomposition de l'évaluation a pour but de cibler les difficultés de chaque élève afin de solliciter plus précisément tel ou tel élève, lors de l'étude du texte suivant.

Dans le cadre de la **différenciation**, pour la production d'écrits, choisir avec quelques enfants les compétences prioritaires auxquelles ils doivent faire attention, en les surlignant.

Le nombre de lignes surlignées peut s'allonger (ou se réduire) en cours d'année.

### Notice explicative du montage des contes en mini-livres

À la fin de ce fichier, se trouvent les deux contes complets au format A4 paysage. Afin que chaque élève puisse relire les contes à la maison, une autre version est à télécharger dans les ressources numériques pour les imprimer et en faire des mini-livres au format A5, plus manipulables. Pour cela, si possible photocopier en couleur et en recto-verso les pages. Il ne reste plus qu'à les plier en deux et à les agrafer au centre. Compter au minimum un livret pour 3 ou 4 élèves pour faire circuler les mini-livres dans la classe.

## De l'étude de ces deux contes aux lectures personnelles : quels réflexes garder pour être un lecteur autonome ?

Lorsque les élèves ont assimilé les différentes consignes et ne s'attachent plus qu'au texte, il est **nécessaire d'appliquer également la démarche** à leurs lectures personnelles.

Voici les points essentiels que les élèves doivent retenir :
— Repérer la ponctuation du dialogue et réfléchir à qui sont le locuteur et l'interlocuteur.
— Comprendre qui se cache derrière les pronoms personnels.
— Remplacer les mots nouveaux par des mots qu'ils connaissent. S'ils sont bloqués sur ce dernier point, ils peuvent chercher la définition dans le dictionnaire ou demander à un adulte.
— Mémoriser ce qui se passe pour comprendre l'enchainement des actions, la trame du livre.
— Repérer les émotions des personnages, se mettre à leur place, pour comprendre ce qu'ils ressentent.

Ainsi, grâce à leur bonne compréhension des récits, ils auront plaisir à lire de nouveaux livres !

L'enseignant doit répéter cette démarche aussi souvent que possible (pendant l'étude du fichier, mais aussi lors d'autres temps de lecture), en individuel et/ou en collectif, jusqu'à ce qu'elle soit intégrée par chacun.

# Évaluations

Les élèves sont répartis dans la classe de manière à ce qu'ils ne puissent pas regarder les réponses des voisins.

Le dernier demi-épisode de chaque conte peut servir d'évaluation en contexte. La séance de lecture sur fiche A se déroule comme à son habitude, mais sans aucune intervention de l'enseignant pendant la phase de travail individuel, et la mise en commun a lieu après la correction de l'adulte.

**Deux fiches d'évaluations** sur l'ensemble du conte sont proposées en supplément : **l'une sur les reprises pronominales, l'autre sur le lexique**. Les guides de réussite contiennent les consignes dans la colonne « Faire » qui sont lues avant la phase de travail individuel, tout comme les listes de mots à écrire sur les pointillés.

Lors de l'évaluation sur le lexique, l'enseignant peut lire les phrases pour les élèves en difficulté de déchiffrage.

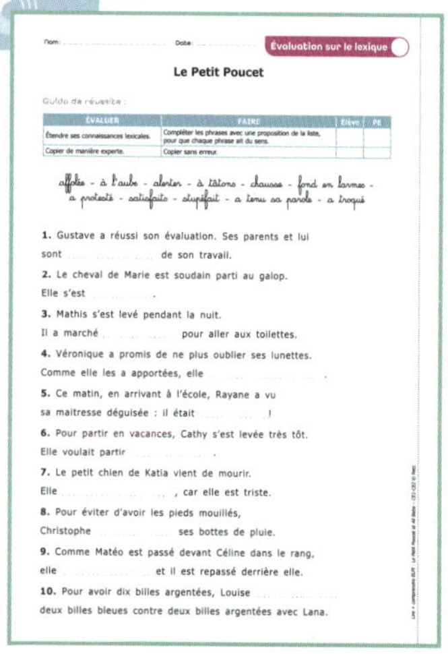
Nom : Date : Évaluation sur le lexique

**Le Petit Poucet**

Guide de réussite :

| ÉVALUER | FAIRE | Élève | PE |
|---|---|---|---|
| Étendre ses connaissances lexicales. | Compléter les phrases avec une proposition de la liste, pour que chaque phrase ait du sens. | | |
| Copier de manière experte. | Copier sans erreur. | | |

affolés - à l'aube - alerter - à tâtons - chausse - fond en larmes - a protesté - satisfaits - stupéfait - a tenu sa parole - a troqué

1. Gustave a réussi son évaluation. Ses parents et lui sont ………… de son travail.
2. Le cheval de Marie est soudain parti au galop. Elle s'est …………
3. Mathis s'est levé pendant la nuit. Il a marché ………… pour aller aux toilettes.
4. Véronique a promis de ne plus oublier ses lunettes. Comme elle les a apportées, elle …………
5. Ce matin, en arrivant à l'école, Rayane a vu sa maitresse déguisée : il était ………… !
6. Pour partir en vacances, Cathy s'est levée très tôt. Elle voulait partir …………
7. Le petit chien de Katia vient de mourir. Elle …………, car elle est triste.
8. Pour éviter d'avoir les pieds mouillés, Christophe ………… ses bottes de pluie.
9. Comme Matéo est passé devant Céline dans le rang, elle ………… et il est repassé derrière elle.
10. Pour avoir dix billes argentées, Louise ………… deux billes bleues contre deux billes argentées avec Lana.

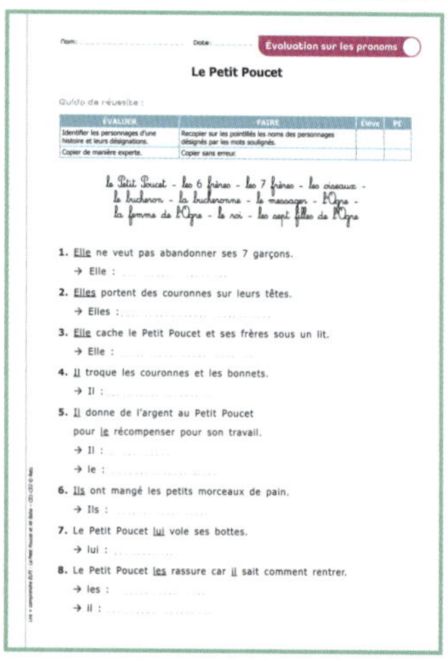
Nom : Date : Évaluation sur les pronoms

**Le Petit Poucet**

Guide de réussite :

| ÉVALUER | FAIRE | Élève | PE |
|---|---|---|---|
| Identifier les personnages d'une histoire et leurs désignations. | Recopier sur les pointillés les noms des personnages désignés par les mots soulignés. | | |
| Copier de manière experte. | Copier sans erreur. | | |

le Petit Poucet - les 6 frères - les 7 frères - les oiseaux - le bucheron - la bucheronne - le messager - l'Ogre - la femme de l'Ogre - le roi - les sept filles de l'Ogre

1. Elle ne veut pas abandonner ses 7 garçons.
   → Elle : …………
2. Elles portent des couronnes sur leurs têtes.
   → Elles : …………
3. Elle cache le Petit Poucet et ses frères sous un lit.
   → Elle : …………
4. Il troque les couronnes et les bonnets.
   → Il : …………
5. Il donne de l'argent au Petit Poucet pour le récompenser pour son travail.
   → Il : …………
   → le : …………
6. Ils ont mangé les petits morceaux de pain.
   → Ils : …………
7. Le Petit Poucet lui vole ses bottes.
   → lui : …………
8. Le Petit Poucet les rassure car il sait comment rentrer.
   → les : …………
   → il : …………

PP-Evaluation

# Réinvestissement et effets bénéfiques dans les autres disciplines

## En grammaire et conjugaison

À force de pratiquer cette démarche, les élèves trouvent le sujet dans une phrase de n'importe quel texte et le remplacent facilement par un pronom personnel. Ils peuvent ensuite appliquer les terminaisons de conjugaison.

Au bout d'un moment, les élèves seront même capables, dans l'ensemble, de différencier « le » déterminant et « le » pronom personnel ! Si un élève lève cette ambigüité un jour, il est important d'expliquer les critères de reconnaissance de l'un et de l'autre :

- Le déterminant se trouve devant un nom ou un adjectif.
- Le pronom personnel se trouve devant un verbe et remplace un nom.

Grâce aux pronoms personnels compléments et votre habitude de transformer systématiquement les phrases, les élèves sauront les transformer eux-mêmes pour trouver les COD.

Certains élèves peuvent aussi (se) poser la question de l'antécédent de « il » dans « il pleut », ou « il y a ». Ce sont des pronoms impersonnels car justement ils n'ont pas d'antécédent !

## Dans les autres situations de lecture

Que ce soient dans des lectures fonctionnelles, des lectures de bandes dessinées, des lectures documentaires, ou des énoncés de problèmes..., les élèves ont pris l'habitude de substituer facilement à l'oral ou à l'écrit les reprises anaphoriques. Ils sont aussi à l'aise pour comprendre le sens de nouveaux mots en contexte et inférer.

Les compétences travaillées grâce à ce fichier sont utilement réinvesties dans d'autres types de textes. **Une bonne compréhension en lecture est gage d'une meilleure réussite scolaire !**

# Présentation des ressources numériques

Elles sont disponibles sur le site : https://mes-ressources-pedagogiques.editions-retz.com

**Concernant les fiches corrigées des ressources numériques**
Le travail demandé sur les fiches A* et A** est identique. Pour plus de lisibilité, **seul le corrigé des fiches A** sans étayage est proposé**.
De même, le travail demandé sur les fiches B* et B** étant le même (sauf pour quelques amorces de réponse supprimées pour quelques questions sur les fiches B**), **seul le corrigé des fiches B* est proposé**.

### Le Petit Poucet

- **PP – Fiches vierges en couleurs classées par épisode :**
  Épisode 1
  - Fiche A*
  - Fiche A**
  - Fiche B*
  - Fiche B**, etc.
- **PP – Illustrations du conte en couleur**
- **PP – Fiches vierges pour impression en noir et blanc classées par épisode :**
  Épisode 1
  - Fiche A*
  - Fiche A**
  - Fiche B*
  - Fiche B**, etc.
- **PP – Fiches corrigées en couleur classées par épisode :**
  Épisode 1
  - Fiche A**
  - Fiche B*, etc.
- **PP – Évaluation**
  - Évaluation couleur
  - Évaluation pour impression en noir
- **PP – Livret du conte en couleur**
  - Version fichier
  - Mini-livre élève

### Ali Baba

- **Ali – Fiches vierges en couleurs classées par épisode :**
  Épisode 1
  - Fiche A*
  - Fiche A**
  - Fiche B*
  - Fiche B**, etc.
- **Ali Baba – Illustrations du conte en couleur**
- **Ali – Fiches vierges pour impression en noir et blanc classées par épisode :**
  Épisode 1
  - Fiche A*
  - Fiche A**
  - Fiche B*
  - Fiche B**, etc.
- **Ali – Fiches corrigées en couleur classées par épisode :**
  Épisode 1
  - Fiche A**
  - Fiche B*, etc.
- **Ali Baba – Évaluation**
  - Évaluation couleur
  - Évaluation pour impression en noir
- **Ali Baba – Livret du conte en couleur**
  - Version fichier
  - Mini-livre élève

# Guide pédagogique du *Petit Poucet*

Ce conte traditionnel, retranscrit par Charles Perrault, fait partie d'une culture commune que les élèves doivent acquérir. En effet, des éléments de ce conte sont évoqués dans de nombreux autres récits : *Baba Yaga*, *Hansel et Gretel*, ou encore *John Chatterton détective* d'Yvan Pommaux[1], *L'enfant océan* de J.-C. Mourlevat[2] ou dans des contes détournés (*Tralalère* de F. Soutif[3], *Le Petit Poucet (ou presque)* de R. Gouichoux[4], *Les contes du miroir* de Yak Rivais[5]), etc. Et même au cinéma, comme dans *Le Petit Nicolas* de L. Tirard (2010). Et cette liste n'est pas exhaustive !

Cependant, ce conte peut faire peur aux enfants de CE1 à cause de l'abandon, de l'Ogre et de l'assassinat de ses propres filles. Ces éléments seront à prendre en compte au fur et à mesure, pour lister ce qui est irréaliste. Le courage et l'intelligence du Petit Poucet seront les valeurs morales du conte à valoriser au fur et à mesure.

## Lignes directrices pour visualiser le travail à mener tout au long du conte

### Légende des couleurs pour surligner les paroles des personnages

**Le Petit Poucet :** orange (O)
**Le père :** bleu (B)
**La mère :** jaune (J)
**Les 6 frères :** rouge (R)
**Les 7 frères :** violet (Vio)
**L'homme :** rose clair (Ro)
**L'Ogre :** vert (V)
**La femme de l'Ogre :** marron clair (Mar)
**Le roi :** (Gris)

Toutes les cases de la légende présentes sur la page doivent être coloriées par les élèves dès la distribution des fiches.

Comme cela a été déjà expliqué dans le guide pédagogique général, il est important que les élèves visualisent les stratégies de compréhension pour devenir des lecteurs experts.

Voici les deux affiches référentes finales qui devront être élaborées avec les élèves au fur et à mesure des épisodes.

### Affiche référente des repères d'énonciation = affiche des repères de paroles (titre pour les élèves)

À chaque parole de personnage rencontrée avec une nouvelle forme d'incise, l'enseignant dessine des lignes ondulées pour montrer l'importance de la mise en page et de la ponctuation.

Les trois formes d'incises sont expliquées dans le guide pédagogique général p. 11.

Insister **à chaque séance** auprès des élèves sur la nécessité de lire et de surligner en même temps les paroles pour éviter de surligner l'incise.

1. *John Chatterton détective*, Yvan Pommaux, École des loisirs, 1995.
2. *L'enfant océan*, Jean-Claude Mourlevat, Pocket jeunesse, 1999.
3. *Tralalère*, François Soutif, Kaléidoscope, 2011.
4. *Le Petit Poucet (ou presque)*, René Gouichoux, Nathan, 2016.
5. *Les contes du miroir*, Yak Rivais, École des loisirs, 1988.

## Ce qui est dit à l'oral par l'enseignant

***Épisode 1***

Il est écrit que le papa parle à la maman. Les deux points et le tiret indiquent le début des paroles. Tant qu'il n'y a pas de retour à la ligne, le personnage continue de parler.

On voit un retour à la ligne sans tiret : c'est le narrateur qui recommence à raconter. Pas de surlignage pour le narrateur.

***Épisode 3***

C'est l'homme qui parle car il y a un nouveau tiret. L'incise ne doit pas être coloriée car c'est le narrateur qui raconte. D'où la nécessité de lire en même temps que surligner. Tant qu'il n'y a pas de retour à la ligne, l'homme continue de parler.

Puis on voit un retour à la ligne sans tiret : c'est le narrateur qui recommence à raconter.

***Épisode 4***

Les guillemets indiquent qu'un personnage pense, se parle à lui-même. Ici, le Petit Poucet.

Lorsqu'on voit un retour à la ligne sans tiret : c'est le narrateur qui recommence à raconter.

***Épisode 5***

Quand deux tirets se suivent, ce sont deux personnages différents qui se parlent.

Après l'incise il y a un retour à la ligne donc c'est le narrateur qui raconte.

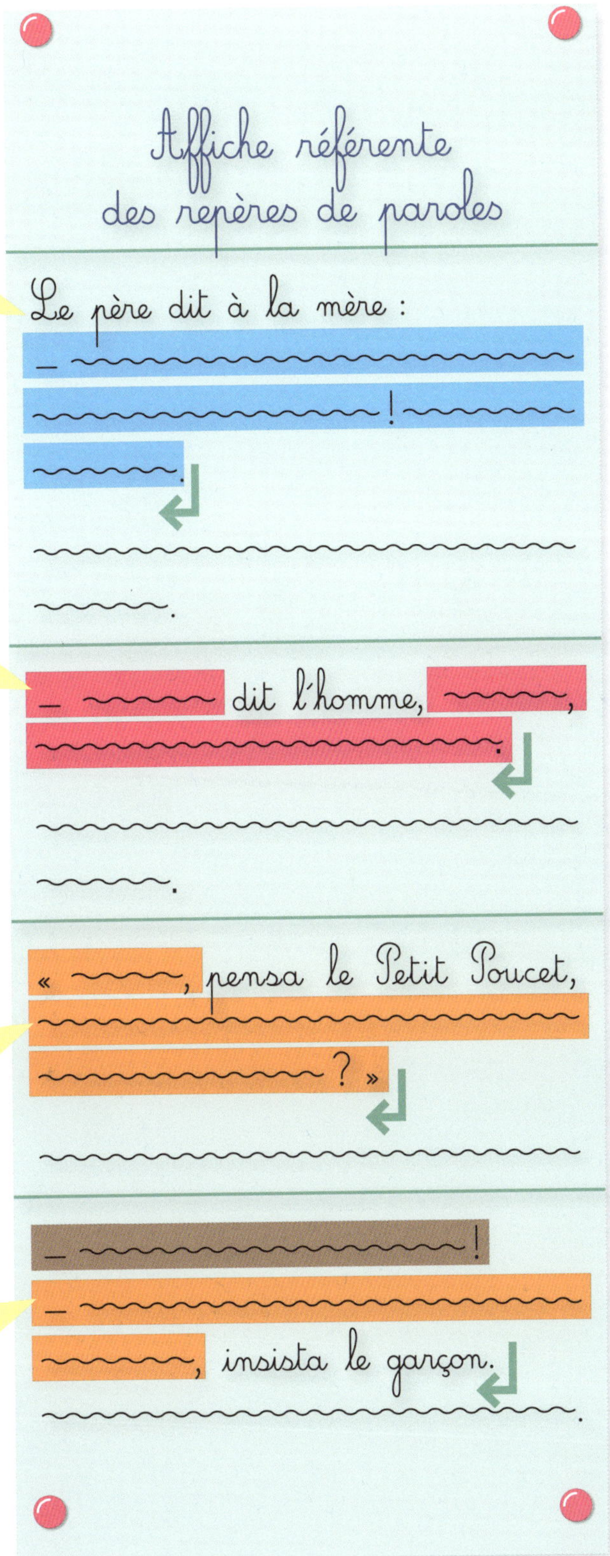

## Affiche référente des pronoms personnels

Comme indiqué dans le guide pédagogique général (p. 13), pour chaque nouveau pronom rencontré dans les épisodes, l'enseignant montre d'abord son antécédent dans le texte, à l'aide d'une flèche puis, il complète l'affiche.

| Pronoms personnels sujets | Noms | Pronoms personnels compléments |
|---|---|---|
| ***ils*** (Ép. 1) | ou | ***les*** (Ép. 1)<br>***leur*** (Ép. 3)<br>***eux*** (Ép. 7) |
| ***il*** (Ép. 1) | | ***lui*** (Ép. 4)<br>***le*** (Ép. 7) |
| ***Je*** (Ép. 1)<br>***j'*** (Ép. 6) | | ***moi*** (Ép. 2) |
| ***nous*** (Ép. 1)<br>***on*** (Ép. 3) | | |
| ***vous*** (Ép. 2) | ou une seule personne que l'on vouvoie | ***vous*** (Ép. 8) |
| ***elle*** (Ép. 5) | | |
| ***elles*** (Ép. 7) | ou nom d'objet au féminin pluriel | ***les*** (Ép. 7) |

Légende : (Ép. 1) = épisode 1

*N.B. :* Ne pas écrire les numéros des épisodes sur l'affiche des élèves en classe.

*N.B. :* Seule la première mention de chaque pronom est notée dans le tableau.

Pour tous les pronoms personnels compléments, l'enseignant transforme la phrase pour faciliter la compréhension des élèves.

Ex. : Épisode 1 : « Les parents n'avaient plus d'argent pour LES nourrir. » → « Les parents n'avaient plus d'argent pour nourrir qui ? LES → les sept jeunes garçons. Comme LES est au pluriel, il faut chercher plusieurs personnes.

# Le Petit Poucet – Épisode 1

Distribuer aux élèves lents ou ayant des difficultés à déchiffrer la fiche 1A*, comportant l'étayage.

Distribuer la fiche 1A** aux autres élèves.

Tous les corrigés des fiches A sont présents dans les ressources numériques.

Exemple :

Nom: ........ Date: ........ Fiche 1A*

Le Petit Poucet - Épisode 1

Il était une fois **un bucheron** et sa bucheronne qui vivaient dans la **misère.** Ils avaient sept jeunes garçons et n'avaient plus assez d'argent pour les nourrir.

Le plus jeune des fils était très petit mais il était aussi le plus malin. À sa naissance, on l'avait appelé le Petit Poucet car il n'était pas plus gros qu'un pouce.

**un bucheron :**
- ☑ un homme qui coupe du bois
- ☐ un homme qui aime les gâteaux de Noël

**la misère :** ☐ la richesse ☑ la pauvreté

Ils : le bucheron et la bucheronne

les : les 7 jeunes garçons

il : le plus jeune des fils

il : le Petit Poucet



## Activités de la fiche 1A

### Lecture de l'illustration affichée

Si l'épisode est étudié en entier, les deux illustrations sont étudiées au début de la séance.

Si l'épisode est étudié en deux séances, chaque illustration est étudiée en début de séance.

Début de l'épisode : On voit des bûches, une hache, une souche, on comprend que l'homme et la femme travaillent à couper du bois dans la forêt. Dire aux élèves qu'ils découvriront le nom du métier grâce au texte. On comprend que le récit se passe dans le passé, car on ne coupe plus tous les arbres à la hache, mais à la tronçonneuse. Constater la grandeur de la maison. Peut-être ont-ils des enfants... La femme a l'air inquiète. Peut-être saura-t-on pourquoi dans le texte...

Fin de l'épisode : On voit que la mère pleure, on comprend qu'elle est triste. Le père a l'air désolé. Un petit garçon les écoute. Est-ce le Petit Poucet ? Ou un de ses frères ? Il a l'air effrayé. On voit une bulle au-dessus de la tête du papa. Que peut-il dire pour que la mère et l'enfant soient dans cet état ? Les élèves émettent des hypothèses. Valoriser les hypothèses en lien avec la pauvreté de la famille, si le début de l'épisode a déjà été lu.

### Coloriage des cases de la légende

Il n'y a pas de légende au début de l'épisode 1 car aucun personnage ne parle.

Si l'épisode est étudié en entier, la légende est à colorier après la phase de compréhension des deux illustrations. Si l'épisode est étudié en deux séances, la légende est à colorier après la phase de compréhension de la deuxième illustration.

### Mots pouvant poser problème pour le déchiffrage

Selon la classe, sélectionner parmi les mots proposés ci-dessous, ceux susceptibles de poser problèmes et/ou relever d'autres mots.

Début de l'épisode 1

- **L. 2 :** « vivaient » : les lettres ***-ent*** ne se lisent pas.
- **L. 3 :** « sept » : le ***p*** est muet.
- **L. 6 :** « fils » : le ***l*** ne se lit pas, mais le ***s*** oui. Le fils de son père.

Fin de l'épisode 1

- **L. 10 :** « faim » : lecture des lettres ***-aim***.
- **L. 18 :** « longtemps » : le ***g***, le ***p*** et le ***s*** ne se lisent pas.
- **L. 19 :** « changea » : le ***e*** permet au ***g*** de se prononcer [ʒ].

### Travail individuel

**Rappel : Choix des lettres muettes et barques indiquées sur les fiches A* :**
Il est recommandé de vérifier le guidage de ces fiches avant chaque séance pour les personnaliser en fonction des élèves de chaque classe.

Si les élèves n'ont jamais eu l'explication des tirets d'énonciation, il est nécessaire de leur expliquer la signification de ce signe avant de commencer le travail individuel.

**Rappel :** Face à la multiplicité des consignes sur le premier texte, certains élèves peuvent se retrouver en difficulté. Procéder item par item et corriger au fur et à mesure (Cf. guide pédagogique général, p. 10).

## Mise en commun de la fiche A

Le texte du fichier est affiché au tableau (ou reproduit au tableau ou sur affiche, la mise en page devant être respectée).

### • L'énonciation

**L. 14-17** : → Commencer à élaborer l'affiche des repères d'énonciation comme indiqué p. 21 de ce guide pédagogique.

Interprétation de la ponctuation en vue de la lecture expressive : Demander aux élèves quel ton utiliser pour lire les paroles du père.

Les élèves copient les paroles dans la bulle de l'illustration, en respectant majuscules et ponctuation.

### • Les pronoms personnels

Tracer au tableau les liens entre le pronom employé dans le texte et le nom qui le précède.

### Début de la fiche 1A

Il était une fois **un bucheron** et sa bucheronne qui vivaient dans la **misère.** Ils avaient sept jeunes garçons et n'avaient plus assez d'argent pour les nourrir. Le plus jeune des fils était très petit mais il était aussi le plus malin. À sa naissance, on l'avait appelé le Petit Poucet car il n'était pas plus gros qu'un pouce.

### Fin de la fiche 1A

Un soir, avant de s'endormir, le Petit Poucet entendit son père dire à sa mère : – Je ne veux pas voir nos enfants mourir de faim ! Demain, nous irons les perdre dans la forêt. La mère **fondit en larmes** et **protesta** longtemps… mais le père ne changea pas d'idée.

Début de l'épisode :

**L. 3 :** « Ils » → La marque S du pluriel est un indice à faire remarquer aux élèves, pour indiquer qu'il faut rechercher plusieurs personnes. → Commencer à compléter l'affiche des pronoms personnels avec ce pronom.

**L. 5 :** Aider les élèves pour la transformation de la phrase puisque LES est un pronom personnel complément. « Les parents n'avaient plus d'argent pour LES nourrir. » → « Les parents n'avaient plus d'argent pour nourrir qui ? LES → les sept jeunes garçons. Comme LES est au pluriel, il faut chercher plusieurs personnes. → Ajouter ce pronom sur l'affiche.

**L. 7 :** « il » ici est au singulier. Il s'agit donc de rechercher le dernier personnage masculin cité. → Ajouter ce pronom sur l'affiche.

**L. 9 :** « il » est encore au singulier. Les deux réponses « le plus jeune fils » et « le Petit Poucet » peuvent être acceptées car il s'agit du même personnage. Les élèves doivent retenir que le Petit Poucet est le plus jeune fils.

Fin de l'épisode :

**L. 14 :** Le tiret indique qu'un personnage parle. « Je » désigne donc celui qui parle. → Ajouter ce pronom sur l'affiche.

**L. 15 :** « nous » désigne plusieurs personnes, dont le locuteur. → Ajouter ce pronom sur l'affiche.

**L. 16 :** Aider les élèves pour la transformation de la phrase puisque LES est un pronom personnel complément. « Nous irons LES perdre. » → « Nous irons perdre qui ? LES → nos enfants. Comme LES est au pluriel, il faut chercher plusieurs personnes.

### • Le lexique

Début de l'épisode :

**Un bucheron :** Les élèves peuvent faire le lien avec l'illustration.

**La misère :** Là encore, l'illustration peut les aider à comprendre qu'il s'agit de la pauvreté.

Si des élèves cochaient cependant « la richesse », l'enseignant peut les laisser se tromper pour leur apprendre à contrôler leur compréhension. Il faut alors leur montrer que quelques lignes plus loin il est écrit : « Ils n'avaient plus assez d'argent pour les nourrir. » Cette phrase explicite vient contredire leur réponse « la richesse ». Donc ils doivent corriger leur première réponse.

D'une manière générale, expliciter qu'une contradiction dans un texte nécessite une relecture et une correction.

Fin de l'épisode :

**Elle fondit en larmes :** Le mot « larmes » aide les élèves à trouver le synonyme.

**Elle protesta :** Les élèves peuvent penser que la mère n'est pas d'accord puisqu'elle pleure. À la lecture de la suite, ils peuvent contrôler leur compréhension : « Mais le père ne changea pas d'idée » indique que la mère s'est montrée en désaccord avec lui.

## Activités de la fiche 1B

Distribuer la fiche 1B* aux élèves plus à l'aise pour écrire sans interlignes.

Distribuer la fiche 1B** aux autres élèves plus à l'aise pour écrire sur des lignes Seyès.

Tous les corrigés des fiches B sont présents dans les ressources numériques.

### Mise en commun de la fiche B

**1 Dessine toute la famille et entoure le Petit Poucet.**

Avant que les élèves dessinent, ils explicitent à l'oral le dessin à réaliser, en s'appuyant sur le début de l'épisode. Cette préparation orale liste les critères de réussite à écrire sur une affiche à usage unique, ou sur le tableau.

Dans le dessin doivent figurer les deux parents, 6 garçons de tailles diverses et un tout petit garçon entouré (le Petit Poucet).

Si un dessin n'est pas bien réalisé, demander à l'élève d'indiquer les personnages qu'il a dessinés.

**2 Pourquoi les parents ont-ils besoin d'abandonner leurs enfants ?**

Les parents ont besoin d'abandonner leurs enfants car ils ne veulent pas les voir mourir de faim. / ils n'ont plus assez d'argent pour les nourrir.

Pour identifier la relation causale, les élèves doivent se référer à ce qui est écrit avant la phrase « Demain, nous irons les perdre dans la forêt ». Expliciter que la réponse pouvait être trouvée en ayant mémorisé ce qui précède.

### Prolongements

- **En collectif à l'oral, demander : « Pourquoi le Petit Poucet s'appelle-t-il comme ça ? ».** Il s'appelle Petit Poucet car « il était tout petit » (ligne 6) ou « à sa naissance il n'était pas plus gros qu'un pouce » (ligne 10). Là encore la réponse précède les mots clés de la question.
- **Leur demander s'il est possible qu'il ne soit pas plus grand qu'un pouce.** Bien sûr que non ! Voici le premier élément irréaliste de ce conte.
- **En vue des prochaines productions d'écrits dans les épisodes suivants, demander d'imaginer à l'oral le dialogue entre les parents : « Que pourrait dire la bucheronne à son mari en signe de protestation ? »**

Pour que les élèves se mettent dans la peau des personnages, ils peuvent jouer la scène.

L'élève qui joue le père répète la phrase du texte : « Je ne veux pas voir nos enfants mourir de faim. Demain, nous irons les perdre dans la forêt. »

L'élève qui joue la mère propose des phrases du type :

- « Oh non ! Je ne veux pas abandonner mes enfants dans la forêt. Ils pourraient être mangés par les loups ! »
- ou : « Oh quel malheur ! J'aime tant mes enfants que je ne peux imaginer les abandonner dans la forêt ! Je veux les embrasser chaque jour ! »
- ou : « Oh non ! C'est impossible ! Tant pis, nous nous priverons nous-mêmes de nourriture ! Et tu iras chasser quelques jours au lieu d'aller couper du bois ! », etc.

# Le Petit Poucet – Épisode 2

Des élèves reformulent puis relisent l'épisode 1 pour se remémorer le début de l'histoire.

> Se reporter au guide pédagogique général p. 8 pour expliciter l'intérêt de cette phase indispensable.

## Activités de la fiche 2A

### Lecture de l'illustration

Début de l'épisode : On voit les garçons qui crient dans la forêt et on voit deux ombres en bas de l'illustration. Que représentent-elles ? Émission d'hypothèses. Imaginer le texte de la bulle.

Fin de l'épisode : On voit les frères émus : on lit dans leurs regards la peur, la tristesse, l'étonnement... (analyser frère après frère). Le Petit Poucet montre le chemin ou une direction, ou les cailloux... Les élèves émettent des hypothèses sur ce qu'il dit dans la bulle.

### Coloriage des cases de la légende

### Mots pouvant poser problème pour le déchiffrage

**L. 5 :** « cailloux » : lecture des lettres ***-aill***.

**L. 10-11 :** « s'éloignèrent » et « disparurent » : ***-nt*** sont des lettres muettes.

**L. 13 :** « se mirent » : ***-nt*** sont des lettres muettes. Ce mot signifie « se sont mis ».

Il n'y a pas de mots pouvant poser des problèmes de déchiffrage dans la fin de l'épisode.

> Rappel : face à la multiplicité des consignes, qui peuvent mettre certains élèves en difficulté, il est recommandé de fabriquer l'affiche du « Travail à faire » avant qu'ils se mettent au travail. (Cf. guide pédagogique général p. 15)

### Mise en commun de la fiche A

**• L'énonciation**

Il n'y a pas de nouveauté : les verbes d'énonciation sont avant le tiret du dialogue. Donc l'affiche des repères d'énonciation n'est pas à compléter pour cet épisode.

Les élèves recopient les paroles dans les bulles (en une fois si l'épisode est étudié en entier ; à chaque séance, si l'épisode est étudié en deux séances).

Interprétation de la ponctuation : demander aux élèves comment interpréter les paroles.

**L. 12 :** Le texte indique quel ton il faut employer : l'affolement.

**L. 16 :** Le Petit Poucet rassure ses frères, puis il utilise un ton autoritaire pour dire « Suivez-moi ! ».

### Les pronoms personnels

**Début de la fiche 2A**

> Le Petit Poucet ne dit rien à personne du secret des parents. Il attendit **l'aube** et sortit se remplir les poches de petits cailloux blancs.
>
> Plus tard, toute la famille partit ramasser du bois dans une sombre forêt. Pendant que les enfants s'occupaient à faire des **fagots**, les parents s'éloignèrent peu à peu puis, tout à coup, disparurent.
>
> **Affolés** de se voir ainsi seuls, les grands frères se mirent à pleurer et crier :
>
> – Maman !!! Papa !!! Où êtes-vous ?...

**Fin de la fiche 2A**

> Le Petit Poucet les rassura :
>
> – Ne vous inquiétez pas, je sais comment rentrer à la maison ! Suivez-moi !
>
> Et grâce aux cailloux blancs qu'il avait pris soin de **semer** tout au long du chemin, il les ramena au **logis**.

Pour les pronoms déjà rencontrés et affichés, faire un rappel à l'aide de l'affiche des pronoms personnels.

**L. 15 :** Première rencontre avec le pronom « vous ». Il est au pluriel et désigne ici les personnes à qui on parle. → Ajouter ce pronom sur l'affiche.

**L. 16 :** Aider les élèves pour le pronom personnel complément LES : « Le Petit Poucet LES rassura : » → Le Petit Poucet rassura qui ? LES → les grands frères. Comme LES est au pluriel, il faut chercher plusieurs personnes.

*N.B. :* Les deux mots « Maman ! Papa ! » pourraient aussi remplacer *les*, en raison du pluriel et de la proximité avec le pronom. Mais cela n'aurait pas de sens : Le Petit Poucet ne peut pas rassurer ses parents qui viennent de disparaitre.

*N.B. :* Dans tout le récit, l'enseignant doit porter une attention particulière à la distinction entre les 6 frères et les 7 frères : parfois, il s'agira des 7 frères qui font quelque chose ensemble. Parfois seulement des 6 frères.

**L. 19 :** « moi » est le pronom personnel complément qui correspond à « je ». C'est encore le Petit Poucet qui parle. → À ajouter sur l'affiche des pronoms.

**L. 22 :** Aider les élèves pour la transformation de la phrase : « Le Petit Poucet LES ramena au logis : » → Le Petit Poucet ramena qui au logis ? LES → les grands frères.

### • Le lexique

Début de l'épisode :

**L'aube :** Pour cocher la bonne réponse, les élèves doivent se souvenir que le texte précédent se terminait la nuit, avant de s'endormir. Donc le début de l'épisode 2 commence au lever du soleil.

**Des fagots :** L'image de droite montre une souche qui ne peut pas être fabriquée par un humain.

Fin de l'épisode :

**Affolés :** Les enfants ressentent plutôt de la peur que de la colère lorsqu'ils se rendent compte que leurs parents ont disparu.

**Semer :** Il ne s'agit pas du verbe *semer* dans le sens de faire pousser, car les cailloux ne sont pas des graines. Il s'agit de répandre en dispersant. Un lien peut être fait avec la vie de la classe si une activité jardinage a été menée.

**Le logis :** Les enfants veulent rentrer chez eux donc il s'agit de la maison. Cela peut-être l'occasion de faire trouver d'autres mots de la même famille : le logement, se loger, déloger, reloger...

## Activités de la fiche 2B

### Mise en commun de la fiche B

**1 Quel est le secret des parents à la ligne 2 ?**

Le secret des parents est de perdre leurs enfants dans la forêt.

La réponse à cette question est dans l'épisode 1, et non pas dans le 2. Cette question est l'occasion de faire comprendre aux élèves qu'il faut mémoriser les informations au fur et à mesure pour pouvoir comprendre un récit. C'est important de l'expliciter au début pour qu'ils prennent de bonnes habitudes.

**2 Pourquoi les 6 frères pleurent-ils et crient-ils à la ligne 14 ?**

Les 6 frères pleurent car leurs parents ont disparu.

Une autre formulation est possible : les 6 frères pleurent car ils ne voient plus leurs parents.

Attirer l'attention des élèves sur le fait que pour comprendre un récit, il est important de se mettre dans la peau des personnages. Dès qu'une émotion est exprimée (ici l'affolement), le lecteur doit se poser la question : « Pourquoi le personnage ressent-il cette émotion ? » Dans ce fichier, les émotions seront toujours interrogées (à l'écrit ou à l'oral). Cette habitude doit se poursuivre pour toute lecture.

**3 Comment le Petit Poucet fait-il pour ramener ses frères à la maison ?**

Le Petit Poucet suit les petits cailloux qu'il avait semés sur le chemin.

Pour répondre, les élèves doivent s'appuyer sur l'expression « Grâce aux ». En raisonnant, les élèves comprennent qu'il suit les cailloux.

### Prolongements

- **Que risqueraient des parents aujourd'hui s'ils abandonnaient leurs enfants ?** La prison. Les enfants seraient placés dans des familles d'accueil qui s'occuperaient d'eux.
- **Valoriser l'attitude apaisée du Petit Poucet** qui a su réfléchir à une solution pour retrouver le chemin de la maison. Il ne s'est pas affolé.

# Le Petit Poucet – Épisode 3

Des élèves reformulent puis relisent le texte précédent de manière dialoguée et expressive pour se remémorer le début de l'histoire.

## Activités de la fiche 3A

### Lecture de l'illustration

Début de l'épisode : On voit un monsieur bien habillé. Les élèves font des hypothèses sur son identité et sur ce qu'il donne aux parents. Ils essayent de comprendre aussi l'émotion des parents d'après leurs regards.

À propos de la bulle sans pointe, expliquer aux élèves qu'ils devront la relier au personnage qui parle (après lecture du texte), et y copier ses paroles.

Fin de l'épisode : On voit que les enfants ont réussi à revenir à la maison. Rappeler comment ils ont fait. Quelles émotions se lisent sur leurs visages ? De la joie. Pas de rancœur. Les élèves émettent des hypothèses sur les paroles de la bulle.

Si l'épisode a été étudié en deux séances, demander : Que vont faire les 7 frères en entrant dans la maison ? Ils vont manger la viande achetée par la maman car il en reste beaucoup.

### Coloriage des cases de la légende

### Mots pouvant poser problème pour le déchiffrage

**L. 1 :** « temps » : les lettres ***p*** et ***s*** sont muettes.

**L. 5 :** expliquer ce terme « le seigneur » qui, ici, a le sens de « maitre, possesseur d'une terre ».

**L. 11 :** « chers » : les lettres ***er*** se prononcent [ɛr]. Expliquer « chers enfants » au sens « affectueux, chéri ».

**L. 13 :** « hélas », le ***s*** final se prononce. Expliquer, si nécessaire, que c'est un synonyme de « malheureusement ».

**L. 23 :** « joyeusement » : lecture du ***y***.

**L. 24 :** « bon » : ici se lit comme « bonne » car il est suivi de « appétit », qui commence par une voyelle.

### Mise en commun de la fiche A

**• L'énonciation**

Nouveauté de cet épisode : la présence d'une incise au milieu des paroles à la ligne 4 « leur dit-il ».

→ Compléter l'affiche des repères d'énonciation comme indiqué p. 21.

Demander aux élèves comment interpréter les paroles qui viennent d'être identifiées et analysées.

Les élèves recopient les paroles dans la bulle, sans l'incise. Ils doivent aussi dessiner la pointe de la bulle vers le messager.

Pour l'illustration des retrouvailles (à la fin de l'épisode), les élèves doivent copier dans la bulle les paroles des enfants et non pas celles de la maman.

**• Les pronoms personnels**

**Début de la fiche 3A**

Pendant ce temps, les parents étaient rentrés à la maison. Un homme frappa à la porte.
— Tenez, leur dit-il. Voici l'argent que **le seigneur** vous doit.
Et il leur donna **une bourse** bien remplie.
La bucheronne acheta de la viande et à la fin du repas il en restait encore beaucoup.

**Fin de la fiche 3A**

La mère pensa à ses chers enfants et pleura :
— Hélas ! Où sont-ils **à présent** ? Dire qu'ils auraient pu profiter de ce bon repas ! Peut-être ont-ils été mangés par les loups ?
Or, les garçons venaient d'arriver à la porte. Ils entendirent ce que leurs parents disaient et entrèrent soudain.
— Nous voilà ! On est là !
Tout le monde s'embrassa joyeusement, les enfants mangèrent de bon appétit… et ce bonheur dura, tant que dura l'argent…

Pour les pronoms déjà rencontrés et affichés, faire un rappel à l'aide de l'affiche.

**L. 4 :** Commencer par le pronom personnel « il » car il est sujet. Son antécédent est le dernier nom cité au singulier. Il s'agit de l'homme.

Ensuite, aider les élèves pour la transformation de la phrase puisque LEUR est un complément indirect. « L'homme LEUR dit : » → L'homme dit à qui ? à LEUR → les parents. LEUR évoque le pluriel même s'il n'y a pas de S.

N.B. : « Leurs » s'écrit au pluriel lorsque c'est le déterminant possessif au pluriel. (Ex. : Ils ont pris leurs vacances en aout.) Le déterminant peut aussi être au singulier. (Ils ont emmené leur chien en vacances.)

Lorsque « leur » est un pronom, il est invariable et s'écrit sans S.

**L. 6 :** Même raisonnement : « Il leur donna une bourse » → Il donna une bourse à qui ? à LEUR → les parents. Rappeler que LEUR employé comme pronom est invariable.

**L. 20 :** Première rencontre avec le pronom personnel « on ».

C'est un pronom employé pour désigner plusieurs personnes (comme « nous »), même s'il a une conjugaison au singulier. Ici, c'est le sens qui prime, donc les élèves doivent chercher plusieurs personnes. Ici, c'est le Petit Poucet et ses frères qui parlent. → Ajouter « on » dans l'affiche des pronoms personnels, à côté de « nous ».

**L. 21 :** « Tout le monde » est une expression vague, mais qui mérite que l'on se pose toujours la question de savoir qui elle désigne. Ici : les parents et les 7 frères.

### • Le lexique

**Une bourse :** L'indice à prendre pour répondre, est le mot « argent » à la ligne précédente.

**À présent** : Les élèves peuvent s'appuyer sur la conjugaison de « sont » : « Où sont-ils demain ? » ne se dit pas. « Où sont-ils maintenant » ? » est correct. C'est l'occasion de faire un lien avec la conjugaison.

## Activités de la fiche 3B

À partir de cet épisode sur les fiches B**, une des questions ne comporte pas d'amorce de réponse.

Prévenir les élèves concernés qu'il leur faut répondre par une phrase en utilisant des mots de la question. Les fiches B* comportent toutes les amorces de réponse.

### Mise en commun de la fiche B

**1 Pourquoi la mère pleure-t-elle à la ligne 12 ?**

La mère pleure car il reste de la nourriture qu'elle pourrait donner à ses enfants.

Pour répondre les élèves doivent faire le lien avec les lignes précédentes et suivantes.

Autre réponse possible : La mère pleure car elle a peur que ses enfants aient été mangés par les loups.

Cette réponse n'est pas fausse, mais la mère regrette surtout que ses enfants ne soient plus à la maison.

**2 Pourquoi la famille est-elle joyeuse à la ligne 23 ?**

La famille est joyeuse car elle est réunie autour d'un bon repas. /La famille est joyeuse car les enfants et les parents se sont retrouvés.

La réponse n'est pas explicitement écrite dans le texte. Les élèves doivent donc se mettre à leurs places pour comprendre leurs émotions.

**3 Écris dans la bulle ce que l'enfant pourrait répondre à sa maman.**

<u>Lecture de l'illustration :</u> Quelle viande la maman a-t-elle achetée ? Du poulet et une viande à rôtir. Évoquer le décor de la maison, qui montre la pauvreté de la famille. Lire les paroles de la maman. Les élèves écrivent immédiatement la réponse.

« Comment avez-vous retrouvé le chemin de la maison ? »

Réponse : « Nous avons suivi les cailloux mis par le Petit Poucet sur le chemin. »

### Prolongements

À l'oral, collectivement, questionner les élèves sur deux points :

- **Pourquoi le seigneur doit-il de l'argent au bucheron ?** Sans doute le bucheron avait-il coupé et livré du bois au seigneur.
- **Que signifie l'expression : « Ce bonheur dura, tant que l'argent dura. » ?** Tant que les parents ont eu assez d'argent pour nourrir leurs enfants, ils sont restés tous ensemble à la maison.

# Le Petit Poucet – Épisode 4

Des élèves reformulent puis relisent le texte précédent de manière dialoguée et expressive pour se remémorer l'histoire.

## Activités de la fiche 4A

### Lecture de l'illustration

Début de l'épisode : On voit que le Petit Poucet porte du pain. Il a un regard étonné et regarde la poignée de la porte. Les élèves émettent des hypothèses sur le récit.

Ils repèrent que la bulle n'a pas de pointe mais des petits ronds. L'enseignant explique leur signification et précise que les pensées des personnages seront entre des guillemets dans le texte (les dessiner au tableau). Les guillemets indiquent des « paroles pour soi-même ». Le code couleur reste donc le même.

Fin de l'épisode : On voit à nouveau les 7 frères seuls dans la forêt. À la différence de l'épisode 2, on voit qu'il y a du vent, la nuit tombe. On ne voit plus de cailloux. On comprend qu'ils sont vraiment seuls.

### Coloriage des cases de la légende

### Mots pouvant poser problème pour le déchiffrage

**L. 2 :** « décidèrent » : ***-nt*** sont des lettres muettes.

**L. 2 et 8 :** « parents », « comment » : ***-ent*** se lit [ã].

Dans cet épisode, de nombreux mots se terminent par ***-ent(s)***, y compris dans la colonne de droite. Guider les élèves qui en ont besoin pour lire la dernière syllabe de ces mots.

**L. 17 :** « inquiet » : lecture des 5 dernières lettres.

### Mise en commun de la fiche A

#### • L'énonciation

Dans la première pensée du Petit Poucet (début de l'épisode), à l'intérieur des guillemets, se trouve une incise à ne pas colorier. → Compléter l'affiche des repères d'énonciation comme indiqué p. 21.

La deuxième pensée ne comporte pas de difficulté : le personnage est indiqué avant par le pronom personnel « il ».

Demander aux élèves comment interpréter les pensées qui viennent d'être identifiées et analysées.

Pour la copie de la pensée dans la bulle, demander aux élèves celle qui leur semble convenir le mieux. En raison de la présence du pain sur le dessin, c'est celle des lignes 12-13.

#### • Les pronoms personnels

**Début de la fiche 4A**

Un jour, le problème recommença et les parents décidèrent à nouveau de perdre les enfants dans la forêt. Mais ce jour-là, quand le Petit Poucet voulut sortir, il trouva la porte fermée à clé.

« **Voilà qui tombe mal !** pensa-t-il. Comment vais-je faire sans mes cailloux ? »

C'est lorsque sa mère lui donna un morceau de pain qu'il trouva l'idée : « Je vais en faire des **boulettes** que je sèmerai sur le chemin. »

**Fin de la fiche 4A**

La marche en forêt fut plus longue que la première fois. Quand les parents **s'éclipsèrent**, le Petit Poucet n'était pas inquiet… jusqu'au moment de rentrer où il ne retrouva aucune trace du pain.

Les oiseaux s'étaient chargés de tout **becqueter**…

Cette fois, les enfants étaient **bel et bien** perdus !

Ils marchèrent au hasard… La nuit tomba, un grand vent se leva, et puis la pluie glacée… et partout des craquements, des hurlements de loups…

**L. 10 :** Aider les élèves pour la transformation de la phrase : « Lorsque sa mère LUI donna un morceau de pain » → Lorsque sa mère donna un morceau de pain à qui ? à LUI → Le Petit Poucet. Comme LUI est au singulier, il faut chercher une seule personne. → À ajouter sur l'affiche des pronoms personnels.

**L. 21 :** Pour comprendre le texte, il faut se demander quel est l'antécédent de « tout ». Il n'est pas nécessaire de l'inscrire sur l'affiche car il n'est pas toujours un pronom.

### • Le lexique

Début de l'épisode :

**Voilà qui tombe mal :** « Le Petit Poucet se fait mal » peut induire les élèves en erreur s'ils considèrent les mots « tomber » et « mal » dans le sens le plus habituel pour eux : tomber et se faire mal.

Mais cette proposition n'est pas cohérente avec le contexte immédiat.

Fin de l'épisode :

**Ils s'éclipsèrent :** Pour cocher la bonne réponse, les élèves doivent se souvenir qu'au début de cet épisode, les parents décident d'abandonner à nouveau leurs enfants, faute d'argent. Plus tard, à la ligne 23, il est écrit que « les enfants sont bel et bien perdus ». Tous ces indices concordent à cocher « disparurent » (contrôle de la compréhension).

**Becqueter :** Les deux propositions font allusion au bec des oiseaux. Pour savoir quelle case cocher, les élèves doivent se référer à la phrase : « Le Petit Poucet ne retrouva aucune trace du pain. » Cela signifie qu'il a été mangé.

**Bel et bien :** Pour savoir quelle case cocher, les élèves doivent comprendre que la beauté et la gentillesse des enfants ne sont pas importantes ici ; en revanche, ils sont vraiment perdus.

## Activités de la fiche 4B

### Mise en commun de la fiche B

**1 À la ligne 1, quel problème recommence ?**

Le problème est que les parents n'ont plus d'argent. / Le problème est que les parents ne peuvent plus nourrir leurs enfants.

Diverses formulations peuvent être acceptées. Pour répondre, les élèves doivent faire un lien avec les textes précédents. Ils doivent avoir mémorisé la problématique de l'histoire : la pauvreté de la famille.

**2 À la ligne 17, pourquoi le Petit Poucet n'est-il pas inquiet tout de suite après la disparition de ses parents ?**

Le Petit Poucet n'est pas inquiet tout de suite après la disparition de ses parents car il pense qu'il va retrouver son chemin grâce aux boulettes de pain.

Pour répondre, les élèves se mettent à la place du Petit Poucet et doivent se remémorer le premier retour à la maison.

**3 Écris la réponse du Petit Poucet à son frère.**

Lecture collective de la bulle : « Pourquoi ne peut-on pas retrouver notre chemin cette fois ? »

Exemple : On ne peut pas retrouver notre chemin car les oiseaux ont mangé les boulettes de pain que j'avais semées sur le chemin.

Attention, il ne doit pas y avoir de formulation orale collective avant l'écriture car c'est une seule phrase réponse qui est attendue et non pas un élément à inventer.

### Prolongements

– **À l'oral, en collectif, demander aux élèves d'imaginer ce que ressentent les 7 frères.**

Sans doute de la tristesse, de la peur. Peut-être même de la colère. Des champs lexicaux de ces thèmes peuvent être relevés sur affiches.

– **À votre avis que va-t-il se passer dans le prochain texte ?**

Les réponses énoncées sont discutées avec l'ensemble de la classe pour ne garder que celles qui sont plausibles.

Certains élèves pourraient être tristes en s'identifiant aux 7 frères. Cette question orale permet de trouver des solutions à cette épreuve et de soulager certains élèves sensibles. Comme le Petit Poucet a déjà su faire preuve de calme et de réflexion à l'épisode 2, eux aussi peuvent adopter cette attitude et trouver de nouvelles solutions.

# Le Petit Poucet – Épisode 5

Des élèves reformulent puis relisent le texte précédent de manière dialoguée et expressive pour se remémorer l'histoire.

## Activités de la fiche 5A

### Lecture de l'illustration

Début de l'épisode : On voit que le Petit Poucet est dans un arbre. Les élèves font des hypothèses sur ce qu'il cherche et ce qu'il peut voir.

Fin de l'épisode : On voit la femme qui a ouvert la porte à la fin de la deuxième partie (sauf si l'épisode est lu en une séance. Dans ce cas, les élèves se demandent qui est cette femme). Remarquer ses beaux habits. On comprend qu'elle est plutôt riche. On voit qu'elle a l'air surprise et en même temps inquiète, tout comme certains frères. Élaborations d'hypothèses sur les expressions des visages.

### Coloriage des cases de la légende

### Mots pouvant poser problème pour le déchiffrage

**L. 1 :** « plus » : Le ***s*** se prononce [S].

**L. 6 :** « ils eurent » : Lecture des lettres ***eu***, puis ***-nt*** qui sont des lettres muettes. Cela signifie : ils ont eu.

**L. 7 :** « se frayer » : lecture du ***y***.

**L. 19 :** « ils purent » : ***-nt*** sont des lettres muettes. Cela signifie : ils ont pu.

### Mise en commun de la fiche A

### • L'énonciation

Nouveautés de ce texte :

**L. 13 et 17 :** Deux tirets de dialogue s'enchainent et correspondent aux paroles de deux personnages différents.

**L. 18 :** Une incise est présente à la fin : le retour à la ligne. après « insista le garçon » indique que le narrateur reprend la narration.

→ Ces deux nouveautés sont à ajouter sur l'affiche des repères d'énonciation.

Demander aux élèves comment interpréter les paroles qui viennent d'être identifiées et analysées.

Pour le début de l'épisode, les élèves copient les paroles dans la bulle et dessinent la pointe en direction du Petit Poucet.

Pour la fin de l'épisode, les élèves doivent copier les paroles de la femme de l'Ogre (sans l'incise : « se désola-t-elle ») car la bulle pointe vers elle.

### • Les pronoms personnels

**Début de la fiche 5A**

Espérant calmer ses frères qui pleuraient **tant et plus**, le Petit Poucet grimpa au sommet d'un arbre.

– Je vois une lumière là-bas, s'écria-t-il. Venez, nous sommes sauvés !

Les enfants eurent bien du mal à **se frayer un chemin** parmi toute **la végétation** mais finalement, ils arrivèrent à une maison.

Ils frappèrent. Une femme ouvrit et le Petit Poucet demanda à passer la nuit chez elle.

**Fin de la fiche 5A**

– Hélas mes pauvres petits ! se désola-t-elle. Vous êtes ici chez un Ogre dévoreur d'enfants ! **Pour sûr,** il va vous manger !

– Ou peut-être **aura-t-il pitié de nous** ? **insista** le garçon.

Ils entrèrent et purent se réchauffer un peu. Mais l'Ogre arriva. Vite, la femme se dépêcha de les cacher sous un lit.

– Ha ha ! fit l'Ogre de sa grosse voix, tout en reniflant l'air avec gourmandise. Ça sent **la chair fraiche** par ici !

Il alla droit au lit et tira de dessous, un par un, les petits malheureux.

Les élèves réinvestissent tous les pronoms déjà rencontrés. Il est recommandé de relire l'affiche des pronoms avant de commencer cette séance pour retravailler notamment sur les indices du genre et du nombre (les pronoms au singulier : il, je ; les pronoms au pluriel : ils, nous, vous, les).

Seule nouveauté : **Ligne 12 :** le pronom « elle », qui a pour antécédent un nom féminin. → À ajouter sur l'affiche des pronoms personnels.

### • Le lexique

Début de l'épisode :

**Tant et plus :** La question posée à l'oral en collectif à la fin de l'épisode 4 doit permettre aux élèves d'évaluer le degré de tristesse des 7 frères. Ils sont très tristes et effrayés de se retrouver seuls dans la forêt.

**La végétation :** Il n'est pas possible de se créer un chemin au milieu d'animaux. Il s'agit donc des plantes. C'est l'occasion de travailler sur les différents mots de cette famille : végétaux, végétal, végétaliser, végétalisation, végétation, végétarien, etc.

Fin de l'épisode :

**Pour sûr :** Pour cocher la réponse, les élèves doivent avoir lu la phrase en entier.

**Aura-t-il pitié de nous :** Le Petit Poucet n'a pas intérêt à souhaiter être mangé par l'Ogre. Le garçonnet espère donc qu'il sera gentil avec lui et ses frères.

**Insista :** L'ambiance n'est pas à l'humour. D'une certaine façon, il redemande à la femme de l'Ogre de les laisser entrer chez elle.

**La chair fraiche :** Les élèves doivent faire le lien avec ce qui précède : les enfants sont entrés dans la maison de l'Ogre. Il les sent, avant même de les voir.

## Activités de la fiche 5B

### Mise en commun de la fiche B

**❶ À la ligne 14, pourquoi la femme de l'Ogre est-elle désolée ?**

La femme de l'Ogre est désolée car les enfants risquent de se faire manger par l'Ogre.

Pour répondre, les élèves doivent lire l'intégralité des paroles de la femme de l'Ogre. La réponse est écrite après les mots « se désola ». Ils ont eu l'habitude de trouver les réponses dans les lignes précédentes. Ici, la réponse est dans les lignes suivantes. Cela peut être un obstacle pour les élèves peu à l'aise en lecture. Pour eux, la difficulté pourra être signalée en début de séance, afin qu'ils ne soient pas en échec.

**❷ Que fait la femme de l'Ogre pour être gentille avec les enfants ?**

La femme de l'Ogre les cache sous le lit. Elle prévient les enfants que son mari est un Ogre.

Pour répondre, les élèves doivent établir une inférence. Ils peuvent évoquer les deux actions, mais le refuge sous le lit est sans doute celle qui sera la plus citée. Dans le cadre de la différenciation, l'enseignant peut demander à certains élèves de citer les deux actions de la femme de l'Ogre ; et à d'autres, d'en citer au moins une.

**❸ À la ligne 24, pourquoi l'Ogre renifle-t-il l'air avec gourmandise ?**

L'Ogre renifle l'air avec gourmandise car il sent que les enfants sont cachés dans sa maison.

Pour répondre, les élèves doivent inférer avec ce qui a été dit lors de la mise en commun des fiches 5A, notamment à propos de la « chair fraiche ».

**❹ À ton avis, que va-t-il se passer dans le prochain texte ?**

Il s'agit d'une production d'écrit où il n'y a pas de « bonne » réponse (Cf. Le déroulé des séances de production d'écrit, dans le guide pédagogique général p. 17.) Faire des hypothèses sur la suite de l'histoire permet de susciter l'intérêt des lecteurs.

Avant que les élèves se mettent à écrire, il est nécessaire que chacun verbalise ce qu'il souhaite écrire. Les réponses plausibles sont validées. Le vocabulaire, la syntaxe sont corrigés par la classe ou l'enseignant. Au besoin, écrire au tableau quelques mots difficiles à encoder, en fonction des réponses des élèves.

### Prolongements

- Pour dédramatiser, relativiser la cruauté de l'ogre qui est un personnage irréaliste que l'on trouve dans d'autres contes (*Le géant de Zéralda*, de T. Ungerer[6], *Gloups* de C. Naumann[7]) ou sous une autre forme : une sorcière (dans *Hansel et Gretel*). C'est un méchant personnage, au même titre que le loup ou la sorcière dans d'autres récits.
- Si certains élèves sont encore sensibles à ce qui arrive dans le conte, leur rappeler les qualités de courage et de réflexion du Petit Poucet qui arrive toujours à se sortir des épreuves qu'il rencontre.

6. *Le géant de Zéralda*, Tomi Ungerer, École des Loisirs, 1995.
7. *Gloups*, Christine Naumann-Villemin, Kaléidoscope, 2008.

# Le Petit Poucet – Épisode 6

Des élèves reformulent puis relisent le texte précédent de manière dialoguée et expressive.

## Activités de la fiche 6A

### Lecture de l'illustration

Début de l'épisode : Qui peuvent bien être les petites filles avec des couronnes ? Pourquoi l'Ogre ne les a-t-il pas mangées ? Les élèves décrivent l'illustration puis confrontent leurs hypothèses rédigées sur la fiche 5B.

Fin de l'épisode : On voit que l'Ogre est dans la chambre des enfants. Il a un air méchant. Les élèves émettent des hypothèses sur ce qui pourrait arriver.

### Coloriage des cases de la légende

### Mots pouvant poser problème pour le déchiffrage

**L. 10 :** « ils prirent » : les lettres ***-nt*** ne se lisent pas. Cela signifie : « ils ont pris ».

**L. 15 :** « j'échangeais » : lecture du ***g***.

**L. 18 :** « fit » : Préciser aux élèves qu'il s'agit du verbe « faire » et que « il fit bien », signifie « il a bien fait ».

**L. 19 :** « se réveilla » : lecture de ***-eill***.

### Mise en commun de la fiche A

#### • L'énonciation

Pas de nouveauté : **Ligne 13**, le narrateur indique que c'est le Petit Poucet qui pense et il y a des guillemets. Les élèves copient sa pensée dans la bulle et la relient à sa tête avec des petits ronds.

Demander aux élèves comment interpréter les pensées qui viennent d'être identifiées et analysées : Le Petit Poucet peut avoir un ton rusé, malin...

#### • Les pronoms personnels

**L. 5 :** Aider les élèves pour la transformation de la phrase : « L'épouse alla LES coucher. » → L'épouse alla coucher qui ? LES → les enfants.

**L. 6 :** « il » est ici un pronom impersonnel. La recherche de son antécédent serait un piège. Selon la classe, le problème peut être soulevé à l'oral, en collectif.

**L. 9 :** « Chacune » est un pronom nouveau. Aider les élèves en demandant : « Chacune de qui ? » → chacune des filles.

**L. 12 :** « tout le monde » avait déjà été rencontré à l'épisode 3. Cette fois-ci cela désigne d'autres personnes.

**L. 15 :** Les élèves rencontrent pour la première fois « j' ». C'est l'occasion de rappeler que l'apostrophe remplace ici un ***e***. → À ajouter sur l'affiche des pronoms personnels.

### Début de la fiche 6A

Par chance, l'épouse avait cuisiné un repas très **copieux** et **persuada** son mari de garder les enfants jusqu'au lendemain…

Elle alla les coucher. Dans la chambre il y avait deux grands lits et **dans l'un d'eux** dormaient déjà les sept filles de l'Ogre. Chacune avait une couronne d'or sur la tête. Les frères prirent place dans l'autre lit.

Une fois tout le monde endormi, le Petit Poucet réfléchit :

« **Méfiance**, méfiance… Et si j'échangeais les couronnes des filles contre nos bonnets de garçons ? »

### Fin de la fiche 6A

Sans bruit, le Petit Poucet **troqua** couronnes et bonnets, et il fit bien !

Car dans la nuit, l'Ogre se réveilla et regretta de n'avoir pas encore tué les petits. Il marcha **à tâtons** vers le lit des garçons et fut étonné d'y sentir des couronnes.

Il alla donc vers l'autre lit, reconnut les bonnets et là, sans le savoir, il tua ses sept filles. Puis il se recoucha **satisfait** et se remit à ronfler.

Sans perdre un instant, les frères en profitèrent pour s'enfuir…

## • Le lexique

Début de l'épisode :

**Copieux :** L'expression « Par chance » aide les élèves à comprendre le sens de ce mot. Si le repas était « petit et mauvais », l'Ogre aurait mangé les enfants le soir même car il aurait eu faim.

**Elle persuada :** C'est l'occasion de réinvestir le verbe « insister » rencontré à l'épisode 5.

**Méfiance :** Le Petit Poucet ne cherche pas à dormir, puisqu'il réfléchit. Que peut-il ressentir en dormant chez un Ogre ? De l'inquiétude. L'enseignant peut faire le rapprochement avec l'expression « Méfie-toi de… » que les élèves connaissent peut-être davantage, sans faire le lien avec le nom « méfiance ».

**Il troqua :** Les élèves doivent se souvenir de la pensée du Petit Poucet (lignes 14-16). À ne pas confondre avec « croquer » des bonnets et des couronnes.

Fin de l'épisode :

**À tâtons :** Les mots « dans le noir » doivent aider les élèves pour la réponse. Au besoin, faire mimer la scène lors de la mise en commun.

**Satisfait :** Il peut y avoir un paradoxe car les élèves sont affectés par la mort des filles et peuvent penser que l'Ogre l'est aussi. Mais comme il est écrit « sans le savoir », les élèves doivent imaginer que l'Ogre croit avoir tué les garçons. Il est donc content de lui.

# Activités de la fiche 6B

## Mise en commun de la fiche B

### 1 Qu'a fait le Petit Poucet pendant la nuit ?

Le Petit Poucet a échangé les couronnes et les bonnets.

Pour répondre, les élèves doivent s'aider de la pensée du Petit Poucet qui précède et qu'il met en application à la ligne 17 et du sens du verbe « troquer » expliqué lors de la mise en commun.

Passer vérifier les réponses des élèves ou corriger la réponse collectivement avant de répondre à la deuxième question, car elles sont liées. Si des élèves ont mal répondu à la première question, ils peuvent se tromper à la suivante.

### 2 À la ligne 18, pourquoi a-t-il bien fait de faire ça ?

Le Petit Poucet a bien fait de faire ça parce que l'Ogre a tué ses filles au lieu de tuer les garçons.

Cette fois, pour répondre, les élèves doivent relire la fin de l'épisode. Rappeler que les réponses sont tantôt avant, tantôt après les mots sur lesquels porte la question. Au besoin, aider certains élèves en leur disant si les indices se trouvent avant ou après la ligne 18.

### 3 À ton avis, que va faire l'Ogre dans le prochain texte ?

Mener cette question de production d'écrits comme indiqué dans le guide pédagogique général p. 17.

Plusieurs réponses sont proposées ; celles qui sont plausibles sont validées par l'ensemble du groupe classe. Puis chacun écrit son avis sur la fiche.

## Prolongements

Dans le cadre de l'enseignement moral et civique, il est possible d'envisager un rappel à la loi. L'acte et l'intention de l'Ogre sont condamnables. Il irait en prison pour cela aujourd'hui. Mais il s'agit d'un conte, alors les lois y sont différentes.

# Le Petit Poucet – Épisode 7

Des élèves reformulent puis relisent le texte précédent de manière dialoguée et expressive.

## Activités de la fiche 7A

### Lecture de l'illustration

Début de l'épisode : On voit l'Ogre en train de poursuivre les frères. On comprend qu'il est en colère à cause du signe à côté de sa tête. Il a sans doute découvert ce qu'il avait fait et il pourchasse les garçons pour se venger. Les élèves confrontent leurs hypothèses rédigées sur la fiche 6B. Les 7 frères paraissent avoir trouvé une cachette dans le creux d'un rocher. Les élèves font des hypothèses sur ce qui pourrait arriver.

Fin de l'épisode : On voit que le Petit Poucet a des bottes. Où les a-t-il trouvées ? Regarder les bottes de l'Ogre à l'illustration précédente. Pourquoi a-t-il l'air étonné ? Les élèves émettent des hypothèses.

### Coloriage des cases de la légende

### Mots pouvant poser problème pour le déchiffrage

**L. 4-5 :** « les bottes de sept lieues » : aider au déchiffrage du mot *lieues*. Expliquer le sens d'une lieue (1 lieue = 4,8 km). Arrondir à 5 km pour calculer plus facilement. Expliquer que ces bottes permettent de faire des pas de géant.)

**L. 7 :** « il sillonna » : lecture de ***-ill***.

**L. 7 :** « pays » : lire ce mot aux élèves.

**L. 15 :** « creux » : le ***x*** est muet.

**L. 18 :** « bonheur » aide pour le ***h*** et les lettres ***on*** qui ne se lisent pas [ɔ̃].

**L. 25 :** « elles prirent » : Les lettres ***-nt*** ne se lisent pas. Ajouter que ce verbe signifie « elles ont pris », du verbe « prendre ».

### Mise en commun de la fiche A

#### • L'énonciation

Rappeler en début de séance les différents types d'incises. Ici les deux incises sont au milieu des paroles (l. 13-14 : « alerta le Petit Poucet » ; l. 19-20 : « chuchota alors le garçonnet à ses frères ».

Demander aux élèves comment interpréter les paroles qui viennent d'être identifiées et analysées.

Les élèves les recopient et dessinent la pointe de la bulle vers le Petit Poucet.

#### • Les pronoms personnels

**Début de la fiche 7A**

Le lendemain matin au réveil, l'Ogre s'aperçut de sa terrible **méprise** !

La colère lui monta au nez. Il **chaussa** aussitôt ses bottes de sept lieues et partit à la recherche des enfants. Il **sillonna** tout le pays à grands pas de géant.

De leur côté, les frères avaient marché de longues heures et reconnaissaient à présent le chemin. Mais soudain…

— Attention, le voilà ! **alerta** le Petit Poucet. Cachons-nous vite **au creux** de ce rocher !

**Fin de la fiche 7A**

Comme par hasard, l'Ogre vint se poser juste au-dessus d'eux. Mais par bonheur, il se mit bientôt à ronfler.

— Ouf ! chuchota alors le garçonnet à ses frères. Profitez-en pour **filer** à la maison…

Il les regarda partir. Puis tout doucement, il tira les bottes de l'Ogre et les enfila. Il fut **stupéfait** ! D'un coup, elles prirent la taille de ses pieds et grâce à elles il s'éloigna à pas de géant.

**L. 3 :** Aider les élèves pour la transformation de la phrase : « Le Petit Poucet avait un plan pour LUI voler sa fortune. » → pour voler la fortune de qui ? LUI → de l'Ogre

**L. 13 :** « le » est un nouveau pronom. Aider les élèves pour la transformation de la phrase : « Attention le voilà ! » → Attention, voilà qui ? LE → l'Ogre. → À ajouter sur l'affiche des pronoms personnels.

**L. 17 :** Aider les élèves pour la transformation de la phrase : « L'homme vint se poser au-dessus d'EUX. » → L'homme vint se poser au-dessus de qui ? EUX → les garçons. → À ajouter sur l'affiche des pronoms personnels.

C'est l'occasion de découvrir une troisième façon d'écrire [də] : Après « de » et « deux », les élèves découvrent « d'eux ».

**L. 22 et 24 :** Tandis que le premier « les » renvoie aux 6 frères du Petit Poucet, le second renvoie aux bottes. Cela peut être une difficulté pour certains élèves car c'est la première fois qu'un pronom personnel ne renvoie pas à un personnage, mais à un objet.

Dans les deux cas, aider au besoin les élèves à transformer les phrases, comme d'habitude.

**L. 25 et 26 :** Là encore, les deux pronoms « elles » renvoient aux bottes. L'enseignant peut attirer l'attention sur le genre et le nombre qui renvoient à un nom féminin pluriel. → À ajouter sur l'affiche des pronoms personnels.

### • Le lexique

Début de l'épisode :

**Méprise :** Les élèves doivent se souvenir de l'erreur commise par l'Ogre dans l'épisode 6.

**Il chaussa :** L'Ogre n'a pas le temps de fabriquer des bottes car il est pressé (on le sait grâce au mot « aussitôt »). On peut faire le lien avec la famille de mots : chaussure, chaussette, chausson (mais pas « chaussée », qui a pour étymologie « voie construite en chaux »).

**Il sillonna :** Si des élèves cochent « il attrapa », ils doivent se rendre compte aux lignes 13-15, que l'Ogre n'a pas attrapé les garçons. En contrôlant leur compréhension, ils peuvent donc s'autocorriger.

**Il alerta :** Il n'a pas le cœur à chanter en voyant arriver l'Ogre. Il crie de peur. Faire le lien avec l'alerte incendie que l'on entend parfois lors des exercices de sécurité.

**Au creux :** les élèves s'aident du dessin pour en comprendre le sens.

Fin de l'épisode :

**Filer :** Les frères ont intérêt à courir retrouver leur maison, pour échapper à l'Ogre pendant sa sieste.

**Stupéfait :** Cela ne peut pas signifier « stoppé » puisque le Petit Poucet s'éloigne de l'Ogre.

## Activités de la fiche 7B

### Mise en commun de la fiche B

**1 À la ligne 2, quelle terrible erreur a faite l'Ogre ?**

L'Ogre a tué ses 7 filles.

Pour répondre, les élèves doivent se souvenir de ce qui s'est passé dans l'épisode 6 puisque la question porte sur la première phrase du texte.

**2 Que ressent le Petit Poucet quand il alerte ses frères, à la ligne 13 ?**

Le Petit Poucet ressent de la peur.

Pour répondre, les élèves peuvent s'appuyer sur le verbe « alerta » qui a été corrigé, et sur la recherche d'une cachette par les enfants. Cela veut dire qu'ils ont peur.

**3 À la ligne 24, pourquoi le Petit Poucet est-il stupéfait ?**

Le Petit Poucet est stupéfait car les bottes ont pris la taille de ses pieds.

Pour répondre, les élèves s'appuient sur la dernière phrase du texte.

### Prolongements

Dans ce conte, ce sont les bottes de sept lieues qui sont magiques. Si d'autres contes sont connus des élèves, c'est le moment de lister les autres objets magiques rencontrés dans ces contes (ex. : le carrosse et les marraines dans *Cendrillon*, l'endormissement pendant cent ans et le baiser dans *La Belle au Bois dormant*, le miroir dans *Blanche-Neige*, etc.).

# Le Petit Poucet – Épisode 8 – Évaluation

La compréhension de l'épisode 8 fait l'objet d'une évaluation. Si les épisodes ont été étudiés en entier, l'évaluation peut porter sur l'épisode entier également. S'ils ont été étudiés en deux séances, alors l'évaluation portera sur le dernier texte.

Le déroulé reste identique mais lors de la phase individuelle d'étude du texte, les élèves se mettent au travail seuls, et sans aide.

Avant que les élèves répondent aux questions de la fiche B, la mise en commun est nécessaire pour permettre aux élèves qui n'ont pas réussi les fiches A de partir sur de bonnes bases.

Les élèves reçoivent le même niveau de fiche que d'habitude : les élèves ayant l'habitude de travailler sur les fiches A* passent l'évaluation sur une fiche similaire. Les élèves ayant l'habitude de travailler sur les fiches A** passent l'évaluation sur cette fiche.

Des élèves reformulent puis relisent le texte précédent de manière dialoguée et expressive.

## Activités de la fiche 8A

### Lecture de l'illustration

Début de l'épisode : On voit le Petit Poucet en bottes, face au roi qui a l'air de le regarder intrigué, intéressé. Comment le Petit Poucet est-il arrivé au palais ? Qui est à l'initiative de leur rencontre ? Ils ont l'air de se parler. Que peuvent-ils se dire ? Autant d'hypothèses à émettre sur le texte.

Fin de l'épisode : On voit que des gens apportent de l'or au Petit Poucet. Qui sont-ils ? Pourquoi ?

### Coloriage des cases de la légende

### Mots pouvant poser problème pour le déchiffrage

**L. 1 :** « eut » : Lire ce mot pour les élèves et expliquer qu'il signifie « a eu ».

**L. 9, 10, 11 et 14 :** « ennuyé », « envoyé », « guerroyer » et « soyez » : lecture des ***y***.

**L. 12 :** « longtemps » : signaler les lettres muettes (rappel : ce mot avait été vu à l'épisode 1).

**L. 14 :** « soyez tranquille » : le ***y*** du verbe et les 2 ***l*** de « tranquille » se prononcent [l].

**L. 15 :** « promets » : lecture de la deuxième syllabe.

**L. 18 :** « immédiatement » : la longueur de ce mot peut gêner certains élèves.

**L. 28 :** « excellent » : lecture de ***xc***.

### Mise en commun de la fiche A

#### • L'énonciation

Comme il s'agit de l'évaluation, il n'y a pas de difficulté particulière. Les élèves doivent réinvestir ce qu'ils ont appris, pour identifier les paroles des personnages.

#### • Les pronoms personnels

**Début de la fiche 8A**

Le Petit Poucet eut tout d'abord l'idée de retourner chez l'Ogre. Il avait un plan pour lui voler sa **fortune.** Mais il réfléchit et **se ravisa :** « Non, je ne peux pas faire ça, sa femme a été si gentille ! Et puis j'ai déjà les bottes... »

En chemin, il apprit que le roi du pays était **fort** ennuyé. Le souverain avait envoyé son armée **guerroyer** et n'avait plus de nouvelles depuis longtemps.

Le garçonnet courut le trouver : — **Sire,** lui dit-il, soyez tranquille. Je vous promets que dès ce soir, avant la nuit tombée, vous saurez tout sur vos soldats !

### Fin de la fiche 8A

Il partit immédiatement et grâce à ses bottes de sept lieues, il réussit **à tenir sa parole**. Le roi fut très impressionné.
– Qui aurait pu penser qu'un si petit garçon fût capable de rendre un aussi grand service ? s'écria-t-il admiratif.
Et pour le récompenser, il le **couvrit d'or**… Le Petit Poucet devint ainsi le messager du roi et fit de l'excellent travail. Il gagna beaucoup d'argent et sa famille ne manqua plus jamais de rien !

Pas de difficulté particulière. Les élèves doivent réinvestir ce qu'ils ont appris pour identifier les antécédents des pronoms personnels.

La seule nouveauté, qui doit être signalée avant l'évaluation, est le vouvoiement du Petit Poucet à l'égard du roi. Les élèves ont appris que « vous » représentait plusieurs personnes. Or, ce n'est pas le cas ici.

→ À ajouter dans l'affiche des pronoms personnels.

**L. 26 :** « le » peut avoir pour antécédent « le Petit Poucet » ou bien « un si petit garçon ». Les élèves doivent comprendre qu'il s'agit de la même personne.

#### • Le lexique

Début de l'épisode :

**Sa fortune :** Certains élèves peuvent être induits en erreur par les trois premières lettres communes de « force » et « fortune ». Ces élèves-là n'ont sans doute pas lu les mots, et se sont laissé aveugler par la ressemblance visuelle. Il faut donc continuer à porter une vigilance particulière à ces élèves qui n'auront malheureusement pas encore acquis parfaitement la lecture-compréhension. Leur demander comment ils ont procédé et corriger leur méthode.

**Il se ravisa :** Les élèves peuvent confondre « ravi » et « ravisa ». Ici, le Petit Poucet ne ressent pas de la joie. Il change d'idée.

**Fort :** Ici les élèves découvrent un autre sens du mot « fort ». Ils s'aident du contexte pour cocher la bonne réponse.

**Le souverain :** Les élèves s'aident du contexte pour comprendre le sens du mot et écrire de qui il s'agit.

**Guerroyer :** Les élèves peuvent s'aider du contexte pour trouver la bonne réponse. Ils peuvent aussi s'aider du radical « guerre ». Cela peut être l'occasion lors de la mise en commun de trouver des mots de la famille de « guerre » : « guerroyer », « guerrier », guerrière ».

**Sire :** Voici un troisième mot pour désigner le roi. Préciser aux élèves que ce mot ne s'utilise que dans des paroles. Jamais dans le récit d'un narrateur.

Fin de l'épisode :

**Tenir sa parole :** Les élèves peuvent s'aider des mots « Je vous promets » que le Petit Poucet prononce précédemment.

**Il couvrit d'or** : Cette expression fréquente dans les contes laisse imaginer une personne recouverte d'or. Elle signifie que la personne donne beaucoup d'argent à quelqu'un.

## Activités de la fiche 8B

### Mise en commun de la fiche B

**1 À la ligne 5, pourquoi le Petit Poucet ne veut-il plus voler la fortune de l'Ogre ?**

Le Petit Poucet ne veut plus voler la fortune de l'Ogre car sa femme a été gentille avec lui et ses frères et il a déjà les bottes magiques de l'Ogre.

Pour répondre, les élèves doivent chercher la réponse après la ligne 5 dans la pensée du Petit Poucet.

**2 Pourquoi le Petit Poucet réussit-il à aller chercher rapidement des nouvelles des soldats ?**

Le Petit Poucet réussit à aller chercher rapidement des nouvelles des soldats car il a les bottes de sept lieues.

Pour répondre, les élèves doivent s'aider de l'expression « grâce à ».

**3 À la ligne 25, pourquoi le roi admire-t-il le Petit Poucet ?**

Le roi admire le Petit Poucet car il lui a donné des nouvelles de son armée très rapidement.

Pour répondre, les élèves doivent chercher la réponse avant le mot « admiratif » dans l'exclamation du roi.

### Prolongements

– Faire constater la différence entre la pauvreté de la famille au début et sa richesse à la fin du conte.

– Valoriser le comportement du Petit Poucet qui a su affronter toutes les épreuves avec ingéniosité et courage.

– Faire des liens éventuellement avec les épreuves rencontrées par certains élèves dans leur vie, individuellement ou collectivement.

## Évaluation globale sur l'ensemble du conte

Outre l'évaluation qui porte sur l'épisode 8, une évaluation globale sur l'ensemble du récit doit être proposée afin d'évaluer la compréhension des stratégies par les élèves. PP-Evaluation

### • Évaluation sur le lexique

Les mots retenus appartiennent au langage courant et peuvent être réutilisés dans le quotidien et les productions d'écrits.

Une fois la fiche distribuée, la consigne et les mots à copier sont lus collectivement. Les phrases sont lues par des élèves collectivement et/ou individuellement, selon les habitudes de classe.

Les élèves se mettent au travail individuellement pour la copie des mots.

Attention, il y a quelques intrus. Dans un souci de différenciation, l'enseignant peut demander aux élèves qui ont fini les premiers d'écrire des phrases avec les mots restants. Cela peut être un bonus à l'évaluation, mais pas une pénalité.

### • Évaluation sur les pronoms

Le déroulement est le même que pour l'évaluation sur le lexique.

Certains mots peuvent être utilisés plusieurs fois. Prévenir les élèves de ne pas barrer les propositions de la liste à copier.

Les illustrations de chaque épisode, les corrigés des fiches par épisode (fiches A** et B*), les corrigés des évaluations ainsi que le livret A5 du conte sont présents dans les ressources numériques.
Pour faciliter les impressions à l'école, toutes les fiches des contes sont proposées en noir.

# Guide pédagogique d'Ali Baba et les 40 voleurs

Tout comme Le Petit Poucet, ce conte traditionnel issu des *contes des Mille et Une Nuits*, fait partie de la culture commune que les élèves doivent acquérir.

Associer *Ali Baba et les quarante voleurs* au conte du *Petit Poucet* permet de lister de nombreux points communs à postériori :

- L'un des héros est bucheron, l'autre est né dans une famille de bucherons.
- Au début du récit, ils sont pauvres. À la fin, ils sont riches.
- Les deux héros font preuve de gentillesse, de courage et d'intelligence pour réussir.
- Dans les deux contes, on trouve des éléments magiques (les bottes de sept lieues et la formule « Sésame, ouvre-toi »), comme dans tous les contes, d'ailleurs !

Une culture littéraire se constitue par la fréquentation régulière des œuvres. Elle suppose une mémoire des textes, mais aussi de leur langue, une capacité à retrouver, chaque fois qu'on lit, les résonances qui relient les œuvres entre elles. Elle est un réseau de références autour desquelles s'agrègent les nouvelles lectures. Il est donc recommandé de proposer aux élèves de lire en autonomie d'autres contes traditionnels ou des *Mille et Une Nuits*, ou des contes détournés, à partir desquels ils pourront faire de nouveaux liens.

## Lignes directrices pour visualiser le travail à mener tout au long du conte

### Légende des couleurs pour surligner les paroles des personnages

**Ali Baba :** orange (O)

**La femme d'Ali Baba :** rose clair (Ro)

**Les cavaliers (plus tard les voleurs) :** jaune (J)

**Le chef des cavaliers (plus tard le chef des bandits puis le marchand d'huile) :** vert (V)

**Kassim :** bleu (B)

**Morgiane :** violet (Vio)

**La femme de Kassim :** marron (Mar)

**Un voleur :** rouge (R)

Toutes les cases de la légende présentes sur la page doivent être coloriées par les élèves dès la distribution des fiches.

Comme cela a été déjà expliqué dans le guide pédagogique général, il est important que les élèves visualisent les stratégies de compréhension pour devenir des lecteurs experts.

Voici les deux affiches référentes finales qui devront être élaborées avec les élèves au fur et à mesure des épisodes d'*Ali Baba*.

### Affiche référente des repères d'énonciation

### = affiche des repères de paroles (titre pour les élèves)

À chaque parole de personnage rencontrée qui a une nouvelle forme d'incise, l'enseignant dessine des lignes ondulées pour montrer l'importance de la mise en page et de la ponctuation comme sur l'affiche indiquée ci-après :

### Ce qui est dit à l'oral par l'enseignant

***Épisode 1***

Les guillemets indiquent qu'un personnage pense. Ici c'est Ali Baba selon l'indication de la ligne précédente. Lorsque les guillemets se ferment, la pensée se termine.

On voit un retour à la ligne sans tiret : c'est le narrateur qui recommence à raconter. Pas de surlignage.

***Épisode 2***

Un tiret indique le début des paroles du chef.

On voit un retour à la ligne sans tiret : c'est le narrateur qui recommence à raconter.

***Épisode 2***

Les guillemets indiquent qu'un personnage pense. Au milieu des paroles, entre deux virgules, le narrateur explique que c'est Ali Baba qui pense. Il ne faut pas colorier l'incise car ce n'est pas la pensée d'Ali Baba. Comme il n'y a pas de retour à la ligne, Ali Baba continue de penser jusqu'à la fin des guillemets.

Puis, on voit un retour à la ligne, donc c'est le narrateur qui raconte.

***Épisode 4***

Les paroles commencent au tiret, comme toujours. Cette fois, le locuteur est indiqué à la fin des paroles et le retour à la ligne est après l'incise.

Comme le texte recommence à la ligne en dessous, c'est le narrateur qui raconte.

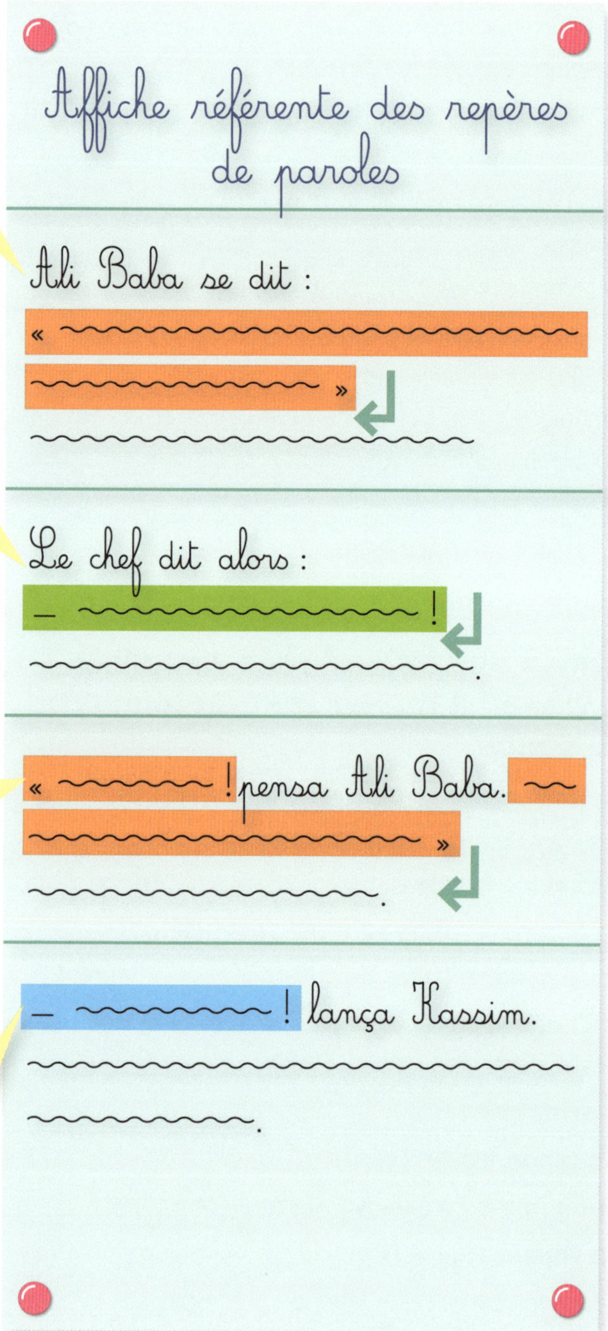


Insister **à chaque séance** auprès des élèves sur la nécessité de lire et de surligner en même temps les paroles pour éviter de surligner l'incise.

N.B. : Les différentes formes d'incises sont expliquées dans le guide pédagogique général, p. 11-12.

## Affiche référente des pronoms personnels

Comme indiqué dans le guide pédagogique général (p. 13), pour chaque nouveau pronom rencontré dans les épisodes, l'enseignant montre d'abord son antécédent dans le texte, à l'aide d'une flèche puis, il complète l'affiche.

| Pronoms personnels sujets | Noms | Pronoms personnels compléments |
|---|---|---|
| ***il*** (Ép. 1) |  ou nom d'objet au masculin | ***lui*** (Ép. 1)<br>***le*** (Ép. 3)<br>***celui-ci*** (Ép. 5) |
| ***ils*** (Ép. 1) |  ou  | ***les*** (Ép. 1)<br>***eux*** (Ép. 2)<br>***leur*** (Ép. 6) |
| ***je*** (Ép. 2)<br>***j'*** (Ép. 4) | 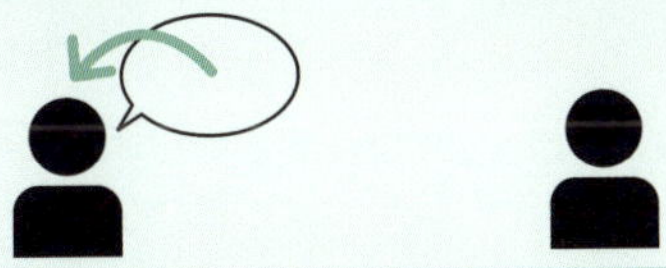 | |
| ***on*** (Ép. 3)<br>***nous*** (Ép. 6) |  | |
| ***elle*** (Ép. 3) |  | |
| | un lieu | ***y*** (Ép. 4) |
| |  | ***toi*** (Ép. 5) |
| ***vous*** (Ép. 6) |  | ***vous*** (Ép. 6) |

Légende : (Ép. 1) = épisode 1

Ne pas écrire les numéros des épisodes sur l'affiche des élèves en classe.

Pour tous les pronoms personnels compléments, l'enseignant transforme la phrase pour faciliter la compréhension des élèves.

Ex. : Épisode 1 : « Ali LES compta. » → Ali compta qui ? LES → les cavaliers. Comme LES est au pluriel, il faut chercher plusieurs personnes.

# Ali Baba – Épisode 1

Distribuer aux élèves lents ou ayant des difficultés à déchiffrer la fiche 1A*, comportant l'étayage.

Distribuer la fiche 1A** aux autres élèves.

Tous les corrigés des fiches A sont présents dans les ressources numériques.

Nom : ........................ Date : ........................ Fiche 1A*

**Ali Baba et les 40 voleurs – Épisode 1**

Paroles d'Ali Baba | Paroles de la femme d'Ali Baba | Paroles des cavaliers

Il y avait une fois, dans une petite ville d'**Orient**, un pauvre bucheron qui s'appelait Ali Baba. Il vivait avec sa femme et leurs enfants, et il gagnait **péniblement** sa vie en vendant le bois qu'il coupait.

Un jour, alors qu'il travaillait dans la forêt avec ses ânes, il aperçut au loin un épais nuage de poussière. Puis il entendit un gros bruit de chevaux qui s'approchaient.

Ali Baba fut étonné et se dit :

**« Ma parole !** C'est qu'ils ont l'air terriblement nombreux ! »

**L'Orient est une région qui se situe en Iran et tout autour.**

Il : Ali Baba

il : Ali Baba

**péniblement =**
☐ très bien / ☑ difficilement

il : Ali Baba

il : Ali Baba

il : Ali Baba

**Ma parole ! =**
☐ Je te parle !
☑ Ça alors, c'est incroyable !

ils = les chevaux

## Activités de la fiche 1A

### Lecture de l'illustration

Si l'épisode est étudié en entier, les deux illustrations sont étudiées au début de la séance.

Si l'épisode est étudié en deux séances, chaque illustration est étudiée en début de séance.

Début de l'épisode : On voit un homme qui guette au loin un gros nuage de poussière. Qui arrive ? On comprend que l'homme est un bucheron car il y a une hache, une souche et un des ânes porte du bois. Est-ce que l'homme est Ali Baba ? Où vont les cavaliers ? Les élèves émettent des hypothèses sur ce que peut penser l'homme. Prévenir les élèves qu'il faudra recopier la pensée qui sera écrite dans le texte et non pas écrire leur propre pensée.

On voit que l'homme a un turban sur la tête. On comprend que l'histoire se passe en Orient. (Expliquer et/ou montrer où va se dérouler l'histoire : vers l'Iran actuel.)

Fin de l'épisode : En comparant cette illustration et la précédente, on comprend que les cavaliers sont arrivés près d'Ali Baba. En effet, le gros rocher est un peu caché par le corps d'Ali Baba sur la première illustration. On voit que les cavaliers sont nombreux et postés devant un gros rocher et que leurs chevaux portent de gros sacs. Ali Baba les espionne du haut d'un arbre. On voit un âne d'Ali Baba à l'arrière-plan de l'illustration. Si l'occasion se présente, faire anticiper sur ce que les sacs peuvent contenir. Sinon cela sera abordé ultérieurement.

### Coloriage des cases de la légende

Les élèves colorient la légende des couleurs au-dessus du texte sur les indications de l'enseignant et du guide pédagogique p. 41.

### Mots pouvant poser problème pour le déchiffrage

Selon la classe, sélectionner parmi les mots proposés ci-dessous, ceux susceptibles de poser problèmes et/ou relever d'autres mots.

Début de l'épisode :

- **L. 2 :** « Orient » : ***-ent*** se lit [ã] ; expliquer à l'aide d'un planisphère où va se situer l'histoire, dans l'Iran actuel.
- **L. 4 :** « femme » : le ***e*** se prononce [a].
- **Dans la colonne de droite :** « incroyable » : lecture de ***oy***.

Fin de l'épisode :

- **L. 20 :** « compta » : le ***p*** est muet.
- **L. 21 :** « tous » : le ***s*** se prononce.

**Rappel : Choix des lettres muettes et barques indiquées sur les fiches A* :** Il est recommandé de vérifier le guidage de ces fiches avant chaque séance pour les personnaliser en fonction des élèves de chaque classe.

### Travail individuel

Si les élèves n'ont jamais eu l'explication des guillemets qui expriment la pensée d'un personnage, il est utile de leur expliquer la signification en début de séance. Les élèves doivent alors colorier les paroles que le personnage dit pour lui-même, de la couleur indiquée dans la légende.

**Rappel :** Comme il y a beaucoup de consignes à donner sur le premier texte, certains élèves peuvent se retrouver en difficulté. Procéder item par item et corriger au fur et à mesure (Cf. guide pédagogique général, p. 10).

## Mise en commun de la fiche A

Le texte du fichier est vidéoprojeté au tableau (ou reproduit au tableau ou sur affiche, la mise en page devant être respectée).

### • L'énonciation

**L. 13-14 :** → Commencer à élaborer l'affiche des repères d'énonciation comme indiqué p. 42 de ce guide pédagogique.

Interprétation de la ponctuation en vue de la lecture expressive : Demander aux élèves quel ton utiliser pour lire la pensée d'Ali Baba. Ici, sans doute de l'étonnement.

Les élèves copient cette pensée dans la bulle de l'illustration, en respectant majuscules et ponctuation.

### • Les pronoms personnels

Vidéoprojeter la fiche A** puis dessiner au tableau les liens entre le pronom employé dans le texte et le nom qui le précède.

#### Début de la fiche 1A

Il y avait une fois, dans une petite ville d'**Orient**, un pauvre bucheron qui s'appelait Ali Baba. Il vivait avec sa femme et leurs enfants, et il gagnait **péniblement** sa vie en vendant le bois qu'il coupait.

Un jour, alors qu'il travaillait dans la forêt avec ses ânes, il aperçut au loin un épais nuage de poussière. Puis il entendit un gros bruit de chevaux qui s'approchaient.

Ali Baba fut étonné et se dit :

« **Ma parole !** C'est qu'ils ont l'air terriblement nombreux ! »

#### Fin de la fiche 1A

Aussitôt, Ali Baba **dispersa** les ânes. Vite, vite, il grimpa dans un arbre pour se cacher et observer. Les cavaliers arrivèrent et s'arrêtèrent juste en dessous de lui. Ali les compta… ils étaient quarante. Et ils avaient tous de gros sacs bien remplis. Bien remplis ? Oui. Mais de quoi donc ?

Début de l'épisode :

**L. 3-10 :** La répétition du pronom personnel « il » qui désigne toujours Ali Baba peut paraitre fastidieuse, mais elle permet aux élèves de comprendre la logique du narrateur : tant qu'il désigne le même personnage, il ne change pas de pronom personnel. → Commencer à compléter l'affiche des pronoms personnels avec ce pronom.

**L. 13 :** « Ils » est au pluriel. Ce pronom ne peut donc plus désigner Ali Baba seul. Demander aux élèves de chercher un nom au pluriel qui se situe au-dessus. Ici, il s'agit des chevaux. → Ajouter ce pronom sur l'affiche.

Fin de l'épisode :

**L. 19 :** Aider les élèves pour la transformation de la phrase puisque LES est un pronom personnel complément. « Ali LES compta. » → Ali compta qui ? LES → les cavaliers. Comme LES est au pluriel, il faut chercher plusieurs personnes. → Ajouter ce pronom sur l'affiche.

### • Le lexique

Début de l'épisode :

**Péniblement :** Si les élèves ont lu *Le Petit Poucet*, ils sauront qu'un bucheron est un métier qui ne permet pas de devenir riche. S'ils n'ont pas lu ce conte, ils pourront se référer au mot « pauvre » de la ligne 2.

**Ma parole ! :** Les élèves peuvent s'aider du contexte pour comprendre qu'Ali Baba ne parle à personne. Il s'étonne, comme indiqué dans la phrase d'introduction des paroles.

Fin de l'épisode :

**Il dispersa :** Pour cocher la bonne réponse, les élèves peuvent s'aider de l'illustration : en effet, les ânes ne sont pas près de l'arbre, Ali les a éloignés.

## Activités de la fiche 1B

Distribuer la fiche 1B* comportant une amorce de réponse aux élèves qui en ont besoin.

Distribuer la fiche 1B** aux autres élèves qui devront rédiger des phrases entières en reprenant quelques mots de la question.

Tous les corrigés des fiches B sont présents dans les ressources numériques.

### Mise en commun de la fiche B

**1 Relis le début du texte jusqu'à la ligne 6 et écris le problème d'Ali Baba.**

Ali Baba est pauvre.

Cette question n'est pas très difficile, mais elle permet de situer immédiatement l'intrigue du texte, qui sera résolue à la fin de l'histoire... Mais cela, il ne faut pas le dire tout de suite !

Expliciter l'importance de comprendre le problème du personnage principal au début des histoires en donnant des exemples avec des livres lus en classe, ou dans les classes antérieures.

Ex. : Au début Blanche-Neige est chassée du royaume ; à la fin elle revient.

Au début, les trois petits cochons sont embêtés par un loup ; à la fin ils s'en débarrassent.

Au début, Cendrillon est malheureuse ; à la fin elle est heureuse. Etc.

Pour les classes qui ont lu *Le Petit Poucet*, les élèves pourront remarquer que le problème du personnage est le même que dans *Ali Baba*.

**2 À la ligne 12, par quoi Ali Baba est-il étonné ?**

Ali Baba est étonné par le gros bruit de chevaux qui approchent.

Pour trouver la réponse à cette question, les élèves doivent se référer à ce qui est écrit juste au-dessus du mot « étonné ». L'étonnement est une émotion. Les élèves doivent s'habituer à se mettre dans la peau des personnages et à ressentir leurs émotions. Cela participe à une bonne compréhension en lecture.

Expliciter que la recherche de la réponse se fait dans les lignes qui précèdent.

**3 À ton avis, de quoi sont remplis les sacs des cavaliers ?**

NB. : Pour mener une séance de production d'écrit, se reporter aux conseils donnés dans le guide pédagogique général, p. 17. La préparation orale collective préalable est gage de réussite à l'écrit.

Les élèves qui ont fait le lien avec le titre *Ali Baba et les 40 voleurs* peuvent citer des objets volés. Ce n'est pas forcément des tapis, des pièces d'or ni des pierres précieuses. Les élèves peuvent évoquer des téléphones portables, des télévisions, des ordinateurs, des bijoux et de l'argent...

Qu'est-ce qui permet de dire que ce conte se déroule il y a longtemps ? Les bucherons ne coupent plus le bois avec des haches et des ânes. Ils utilisent des tronçonneuses, des tracteurs... Plusieurs réponses sont lues ; celles qui sont plausibles sont validées par l'ensemble du groupe classe.

L'essentiel est de mettre les élèves dans une posture de projection de la suite du conte.

### Prolongements

Il est intéressant de rappeler que, quel que soit le livre, au début, on doit faire connaissance avec les personnages, s'intéresser à eux, en collectant des informations, car « on va passer du temps ensemble », comme avec un ami.

# Ali Baba – Épisode 2

Des élèves reformulent puis relisent l'épisode 1 de manière dialoguée et expressive pour se remémorer le début de l'histoire.

Se reporter au guide pédagogique général p. 8 pour expliciter l'intérêt de cette phase indispensable.

## Activités de la fiche 2A

### Lecture de l'illustration

Début de l'épisode : On voit un homme face au rocher. Est-ce lui qui va parler dans la bulle ou les hommes autour ? Qui sont-ils ? Pourquoi l'homme aux bras écartés se tient-il dans cette position ? Les élèves émettent des hypothèses. Pourquoi ne voit-on plus Ali Baba ? Est-il descendu de l'arbre ? Élaboration d'hypothèses.

Fin de l'épisode : On voit Ali Baba toujours perché dans l'arbre et les cavaliers qui repartent. Leurs chevaux n'ont plus de sacs de chaque côté. Les élèves font des hypothèses sur ce qui a pu arriver dans la grotte. Si les élèves ne remarquent pas l'allègement des chevaux, ne pas insister, ils le découvriront lors de la lecture et observeront plus attentivement l'illustration, après la lecture. Les élèves émettent des hypothèses sur la pensée d'Ali Baba.

### Coloriage des cases de la légende

### Mots pouvant poser problème pour le déchiffrage

Début de l'épisode :

**L. 1 :** « descendirent » : le passé simple au pluriel n'est pas très facile à lire.

**L. 2 :** « apparemment » : le ***e*** se prononce [a].

**L. 3 :** « broussailles » : lecture du graphème ***-aille***.

**L. 8 :** « accès » : prononciation des deux ***c***.

Fin de l'épisode :

**L. 13 :** « ressortirent » : le ***e*** avant les deux ***ss*** ne se prononce pas [Ɛ].

**L. 14 :** « tous » : le ***s*** se prononce.

Si les élèves n'ont jamais eu l'explication des tirets d'énonciation, il est utile de leur expliquer la signification de ce signe avant de commencer le travail individuel.

Rappel : face à la multiplicité des consignes, qui peuvent mettre certains élèves en difficulté, il est recommandé de fabriquer l'affiche du « Travail à faire » avant qu'ils se mettent au travail (Cf. guide pédagogique général p. 15).

### Mise en commun de la fiche A

#### • L'énonciation

**L. 6, L. 16 et L. 20 :** → Compléter l'affiche des repères d'énonciation comme indiqué p. 42.

Interprétation de la ponctuation : Demander aux élèves comment interpréter les paroles et pensées qui viennent d'être identifiées et analysées.

Les élèves recopient les paroles dans les bulles, sans l'incise. Ils doivent aussi dessiner la pointe de la bulle vers le chef dans l'illustration du début de l'épisode.

#### • Les pronoms personnels

**Début de la fiche 2A**

Les hommes descendirent de **leur monture**. L'un d'eux apparemment le chef, écarta **des broussailles** et s'approcha d'un gros rocher. Il dit alors :

— **Sésame**, ouvre-toi !

À ces mots, le rocher se mit à rouler de côté, ouvrant ainsi **l'accès** à une grotte. Ali Baba croyait rêver. Toute **la troupe** disparut à l'intérieur avec les sacs et la roche reprit sa place.

**L. 2 :** Demander aux élèves à qui renvoie le pronom « eux ». Aider les élèves pour la transformation de la phrase « L'un d'EUX » → L'un de qui ? EUX → les hommes, c'est-à-dire les cavaliers. → Ajouter ce pronom sur l'affiche.

### Fin de la fiche 2A

Au bout d'un moment, la grotte se rouvrit et les hommes ressortirent tous les mains vides. Enfin le chef de la bande fit :

— Sésame, ferme-toi !

Et le rocher referma la caverne. Les cavaliers remontèrent à cheval et s'en allèrent.

« Ces gens-là m'ont tout l'air d'être **des brigands** ! pensa Ali Baba. Il faut absolument que je voie ce qu'ils cachent dans cet endroit ! »

Une fois seul, il descendit de son arbre et se dirigea vers le rocher.

**L. 20 :** « Ces gens-là » : La meilleure réponse est « les cavaliers » car ce terme est l'antécédent de « ces gens-là ». Si des élèves écrivent que ce sont des brigands, ce sera l'occasion de mettre en lumière que, dans ce conte, les gens, les cavaliers et les brigands désignent les mêmes personnes, c'est-à-dire les voleurs, écrits dans le titre.

**L. 22 :** « Je » est toujours utilisé dans des paroles et il représente celui qui parle. → Ajouter ce pronom sur l'affiche.

## Le lexique

Début de l'épisode :

**Leur monture :** La rencontre de ce mot est l'occasion d'évoquer sa polysémie : monture = cheval ou monture de lunettes.

**Des broussailles :** On ne peut pas écarter des insectes. On peut les chasser en agitant les bras. Donc il s'agit de cocher le mot « buisson ».

**Sésame :** Indiquer aux élèves que ce sont de toutes petites graines, comme ils peuvent le voir sur la photo. Au besoin, en apporter et faire gouter...

**L'accès :** « L'accident » ne convient pas du point de vue du sens, même si les trois premières lettres sont communes avec « accès ».

**La troupe :** Les élèves doivent avoir bien compris si ce sont les ânes qui entrent dans la grotte ou les cavaliers et leurs chevaux. L'indice des sacs peut les aider.

Fin de l'épisode :

**Des brigands :** Faire le lien avec le titre « Ali Baba et les 40 voleurs ». Les 40 cavaliers ne sont donc pas des princes.

Un lien peut être fait avec le livre *Les trois brigands*, de Tomi Ungerer, que les élèves ont peut-être lu dans les classes précédentes.

## Activités de la fiche B

### Mise en commun de la fiche B

**1 À la ligne 9, pourquoi Ali Baba croit-il rêver ?**

Ali Baba croit rêver car le gros rocher se déplace comme par magie et dévoile l'entrée d'une grotte.

Attention, au moment où est écrit « Ali Baba croyait rêver », les hommes ne sont pas encore entrés dans la grotte. Il ne peut donc pas être étonné par cela, mais seulement par ce qui vient d'être lu. Cette erreur est fréquente car les élèves connaissent bien le texte avant de répondre aux questions. Il faut insister pour qu'ils suivent le déroulé du texte pour répondre.

Préciser : la réponse est avant la ligne 9.

**2 Qu'ont fait les cavaliers dans la grotte ?**

Dans la grotte, les cavaliers ont déposé leurs sacs.

Pour répondre à cette question, les élèves doivent faire le lien entre « la troupe disparut à l'intérieur avec les sacs » et « les hommes ressortirent tous les mains vides » pour comprendre ce que les hommes ont fait dans la grotte.

Mais, on ne sait toujours pas ce que les sacs contiennent !

Entre les épisodes 1 et 2, les élèves s'attendent à savoir de quoi sont remplis les sacs. Or, ce n'est pas écrit dans l'épisode 2. Expliquer aux élèves que l'autrice a voulu maintenir le suspense en terminant un épisode par une question, qui ne trouve pas de réponse immédiatement. Les inviter à réinvestir ce procédé dans leurs productions d'écrits lorsqu'il faut ménager du suspense.

Pour répondre à cette question, il faut se faire des images mentales, en se mettant dans la peau des personnages.

**3 À ton avis, que va faire Ali Baba dans l'épisode 3 ?**

À mon avis, Ali Baba va…

Pour mener une séance de production d'écrit, se reporter aux conseils donnés dans le guide pédagogique général, p. 17. La préparation orale collective préalable est gage de réussite à l'écrit.

# Ali Baba – Épisode 3

Des élèves reformulent puis relisent le texte précédent de manière dialoguée et expressive pour se remémorer le début de l'histoire.

## Activités de la fiche 3A

### Lecture de l'illustration

Début de l'épisode : On voit qu'Ali Baba a les yeux écarquillés et la bouche ouverte. Il se tient la tête. Le fond de l'illustration est très coloré. Les élèves font des hypothèses sur ce qu'Ali Baba voit et, selon leurs réponses, sur la façon dont il a réussi à entrer dans la grotte.

Montrer alors l'autoportrait *Le Désespéré* de Gustave Courbet, peint vers 1844, **sans donner le titre du tableau immédiatement.**

*Ali-Ep3-1-Courbet*

Les élèves comparent le tableau et l'illustration : le regard, la bouche, les mains.

Ali Baba et Gustave Courbet ont tous les deux les yeux écarquillés.

Courbet a la bouche fermée qui ne sourit pas et les commissures de ses lèvres tombent légèrement vers le bas. Ali Baba sourit la bouche ouverte. Les deux émotions semblent donc différentes.

La position des bras et mains de Courbet et d'Ali Baba exprime la soudaineté, la surprise.

Les différences de couleurs participent beaucoup à l'interprétation des émotions.

Les élèves cherchent un titre au tableau de Courbet avant qu'il leur soit révélé.

> De nos jours, on ne sait pas avec certitude pourquoi Gustave Courbet s'est peint désespéré. Peut-être l'était-il car ses œuvres n'étaient pas appréciées autant qu'il l'aurait voulu. Ou bien voulait-il voir quel effet aurait son visage si près du spectateur ?... Mais on sait qu'il aimait beaucoup ce tableau car il l'avait emporté avec lui en voyage.

Conclusion : Expliquer aux élèves qu'une même posture peut indiquer deux émotions différentes. Seuls l'usage des couleurs et la forme de la bouche peuvent induire la compréhension d'une émotion.

> **Prolongement possible en arts visuels :** Chaque élève fait un dessin de son choix d'un personnage ou d'un paysage au crayon à papier. Photocopier ensuite chaque dessin. Lors de la séance suivante, les élèves colorient leurs deux dessins : l'un avec des couleurs foncées, sombres, tristes. L'autre avec des couleurs variées et gaies. Constater l'effet produit sur l'émotion du spectateur.

Fin de l'épisode : On voit les richesses rapportées sur la gauche. Les élèves émettent des hypothèses sur le lieu où se trouvent Ali Baba et la femme en face de lui. Qui est-elle ? Entre-t-elle ou sort-elle ? Constater qu'ils sont dans une pièce au décor très simple, voire pauvre. Que vont-ils pouvoir faire avec ces richesses ?

### Coloriage des cases de la légende

### Mots pouvant poser problème pour le déchiffrage

Début de l'épisode :

**L. 6 :** « extraordinaire » : aider à la lecture de ce long mot, qui est parfois mal prononcé.

**L.10 :** mille. Les 2 ***l*** se lisent [l].

**L. 11 :** « tout ce qu'il put » : signifie « tout ce qu'il pouvait ». Ce verbe écrit avec un ***t*** ne vient pas du verbe « puer ».

Fin de l'épisode :

**L. 15 :** « impressionnée » : aider à la lecture de ce long mot.

**L. 25 :** Expliquer le sens du mot « suif » : le suif est un produit obtenu en faisant fondre de la graisse animale comme le mouton ou le bœuf. Il est traditionnellement utilisé pour la fabrication de savon et de bougies, ou comme aliment pour animaux.

**L. 26 :** « elle eut » : ***eu*** se lit [y].

> Avant la phase de travail individuel, montrer les affiches des repères de paroles et des pronoms personnels car les élèves vont réinvestir ce qu'ils ont appris dans les épisodes 1 et 2.

### Mise en commun de la fiche A

#### • L'énonciation

**Pas de nouveauté.**

Interprétation de la ponctuation : Demander aux élèves quel ton utiliser pour lire les paroles des personnages.

#### • Les pronoms personnels

#### Début de la fiche 3A

Ali Baba **tenta sa chance** :

— Sésame, ouvre-toi !

Aussitôt, le rocher se déplaça, le laissant pénétrer dans la caverne. L'entrée se referma derrière lui.

Ce qu'il vit alors était extraordinaire ! Partout des sacs de pièces d'or, des tas de bijoux, des pierres précieuses **étincelantes**, des tapis magnifiques et mille autres **fabuleux** trésors !

Ali emporta tout ce qu'il put. Puis grâce à la formule, la grotte se referma et il s'en alla.

### Fin de la fiche 3A

> Quand Ali Baba rentra chez lui, sa femme fut impressionnée devant tant de richesses.
> — On ne pourra jamais compter toutes ces pièces d'or une par une ! s'écria-t-elle. Je cours chercher **un pot à mesurer** chez ton frère Kassim.
> Curieuse de savoir ce que la femme d'Ali Baba voulait mesurer, la femme de Kassim prit soin de mettre un peu de **suif** sous le pot. Et lorsqu'elle le récupéra, elle eut la grande surprise de découvrir une pièce d'or collée dessous !

**L. 3 :** Aider les élèves pour la transformation de la phrase « Le rocher se déplaça, LE laissant pénétrer » → Le rocher se déplaça, laissant entrer qui ? LE → Ali Baba, cité à la ligne 1. → Ajouter ce pronom sur l'affiche.

**L. 17 :** « On » est un pronom employé pour désigner plusieurs personnes (comme « nous »).→ Ajouter ce pronom sur l'affiche.

**L. 19, 25 et 26 :** Les élèves peuvent confondre les deux femmes (de Kassim et d'Ali Baba). Il est important, dans ce passage, de montrer que les pronoms « elle » renvoient à la dernière femme évoquée par le narrateur, en utilisant les ronds et les flèches, comme ci-dessus. → Ajouter ce pronom sur l'affiche.

**L. 25 :** « Le » est le premier pronom personnel qui ne remplace pas un personnage, mais un objet. Ici le pot à mesurer. Cette nouveauté est à pointer. Donner des exemples issus de la vie quotidienne. (« Untel perd son stylo. Puis il LE retrouve. » « Untel a un pantalon taché. Il LE lave. »)

Aider les élèves pour la transformation de la phrase : « La femme de Kassim LE récupéra » → « La femme de Kassim récupéra quoi ? » LE → le pot à mesurer, cité l. 20 → Ajouter ce pronom sur l'affiche en indiquant qu'il peut remplacer un objet au masculin.

Cette nouveauté peut être signalée avant la lecture du texte, selon le niveau de la classe pour ne pas mettre en difficulté les élèves fragiles.

#### • Le lexique

Début de l'épisode :

**Il tenta sa chance :** Par élimination, les élèves comprennent qu'Ali Baba ne joue pas au loto, mais qu'il essaie d'ouvrir la grotte.

**Étincelantes :** Cet adjectif accompagne le nom « pierres ». Elles ne peuvent être que « brillantes » puisqu'elles sont précieuses.

**Fabuleux :** Cet adjectif accompagne le nom « trésors », qui ne peuvent qu'être « merveilleux ».

## Activités de la fiche B

### Mise en commun de la fiche B

**1 Que fait la femme d'Ali Baba près du rideau de sa maison (sur l'illustration de la fin de l'épisode 3) ?**

La femme d'Ali Baba s'apprête à aller chercher un pot à mesurer chez le frère d'Ali Baba.

Pour répondre, les élèves doivent faire une inférence à partir des paroles de la femme d'Ali Baba. Cette question permet de valider les hypothèses faites lors de la découverte de l'illustration : la femme sort-elle ou entre-t-elle ?

**2 À quoi doit servir le pot à mesurer ?**

Le pot à mesurer doit servir à compter les pièces d'or.

Il s'agit d'une mesure approximative qui fait gagner du temps au lieu de compter les pièces une par une.

> NB. : Évoquer *Fort Boyard*, émission dans laquelle, à la fin, une mesure (beaucoup plus grande que celle de cette histoire) est utilisée pour mesurer le nombre de pièces d'or gagnées par l'équipe.

**3 Écris dans la bulle ce que la femme de Kassim dit à son mari après avoir découvert la pièce d'or collée sous le pot à mesurer.**

Pour mener une séance de production d'écrit, se reporter aux conseils donnés dans le guide pédagogique général p. 17. La préparation orale collective préalable est gage de réussite à l'écrit.

Compréhension de l'illustration : Grâce à la consigne, les élèves comprennent que les personnages sont Kassim, le frère d'Ali Baba et sa femme évoqués à la fin de l'épisode 3. Ils sont dans une maison au décor cossu et portent de beaux vêtements. On voit que la femme de Kassim montre à son mari la pièce d'or collée sous le pot à mesurer. Analyser l'expression de leurs visages : lui a l'air étonné, elle plutôt en colère, jalouse. Puis faire des hypothèses sur les paroles à écrire dans la bulle.

Par exemple :

La femme de Kassim : « Regarde ce que j'ai trouvé sous le pot quand la femme d'Ali Baba me l'a rendu ! »

ou « Regarde, c'est étrange, je me demande comment Ali Baba et sa femme ont eu cette pièce d'or, eux qui ne sont pas riches. Va lui demander. »

### Prolongements

À l'oral : **Que ressent Ali lorsqu'il est dans la grotte ?**

Lorsqu'il est dans la grotte, Ali ressent une immense surprise ; il est stupéfait et excité de découvrir toutes ces richesses !

On peut accepter tout ou partie de ces propositions. Elles sont discutées oralement et justifiées.

Expliquer qu'il faut se mettre à la place du personnage pour répondre.

# Ali Baba – Épisode 4

Des élèves reformulent puis relisent le texte précédent de manière dialoguée et expressive pour se remémorer l'histoire.

**Il est recommandé d'étudier cet épisode en deux séances, car exceptionnellement les élèves doivent produire un écrit dans la bulle qui sort de la bouche d'Ali Baba, et non pas seulement recopier les paroles du texte.** **Voir encadré ci-après p. 54.**

## Activités de la fiche 4A

### Lecture de l'illustration

Début de l'épisode : On voit Ali Baba et son frère Kassim. Ils ont l'air d'être chez Ali Baba car le décor est sobre. (Cette information est importante pour aider à la compréhension des pronoms au début du texte.) Kassim a un air suspicieux. Imaginer ce qu'Ali Baba pourrait raconter : les élèves peuvent imaginer qu'Ali Baba ment pour ne pas dévoiler son secret. Ou bien, ils peuvent imaginer qu'Ali Baba est franc et lui raconte tout honnêtement. La validation de ces hypothèses se fera après lecture du texte. Cela aidera les élèves à mieux rédiger le résumé de l'histoire, dans la bulle, à la fin de la première partie de l'épisode.

Fin de l'épisode : On reconnait Kassim qui est dans la grotte et qui a chargé ses ânes de trésors. Il tient sa tête entre ses mains. Pourquoi ? Faire des hypothèses sur le sens de l'histoire.

### Coloriage des cases de la légende

### Mots pouvant poser problème pour le déchiffrage

Selon la classe, sélectionner parmi les mots proposés ci-dessous, ceux susceptibles de poser problèmes et/ou relever d'autres mots.

Fin de l'épisode :

**L. 15 :** « prenne » : lecture de ***-enne***.

**L. 16 :** « maximum » : lecture de ***-um***.

**L. 18 :** « à ras bord » : le ***s*** ne se prononce pas.

**L. 21 :** « essaya » : lecture de ***-aya***.

**L. 26 :** « furent » : Les lettres ***-nt*** sont muettes et le mot signifie « ils ont été ».

**L. 26 :** « revinrent » : les lettres ***-nt*** sont muettes. Cela signifie « ils sont revenus ».

## Mise en commun de la fiche A

### • L'énonciation

Nouveauté à la ligne 7. L'incise est à la fin des paroles. Il y a un retour à la ligne immédiatement après qui indique que le narrateur continue le récit. → Compléter l'affiche des repères d'énonciation comme indiqué p. 42 de ce guide pédagogique.

Interprétation de la ponctuation : Demander aux élèves quel ton utiliser pour lire les paroles du personnage.

### • Les pronoms personnels

**Début de la fiche 4A**

C'est ainsi que Kassim apprit que son frère Ali Baba avait trouvé de l'or. Il se précipita chez lui car il voulait tout savoir. Et Ali, qui était bon, lui raconta tout. Aussitôt, Kassim **fila** à la grotte avec des ânes.

— Sésame, ouvre-toi ! lança-t-il.

Le rocher s'écarta, l'homme entra dans la caverne qui se referma ensuite. Lui aussi fut **stupéfait** de voir toutes les merveilles qui s'y trouvaient. Il était tout excité et courait de l'une à l'autre **sans savoir où donner de la tête.**

**Fin de la fiche 4A**

« Il faut que j'en prenne un maximum ! » pensa-t-il.

Kassim remplit tous ses sacs **à ras bord**, puis il dit :

— **Orge**, ouvre-toi !

Bien entendu, rien ne bougea. Kassim essaya une autre formule, puis une autre encore... Et plus il cherchait, plus il paniquait et plus son esprit s'embrouillait.

Au bout d'un moment, les voleurs revinrent. Ils furent tellement **mécontents** de le trouver là que sans hésiter, ils le tuèrent et le laissèrent sur place.

**Si nécessaire, prévenir les élèves avant le travail individuel, qu'à la ligne 12 le pronom « y » désigne un lieu.** Aider les élèves pour la transformation de la phrase : « Toutes les merveilles qui s'Y trouvaient » → Toutes les merveilles qui se trouvaient où ?

**L. 3 :** Comme le sujet de la première phrase est « Kassim », le pronom personnel « il » de la deuxième phrase renvoie à Kassim aussi. C'est Kassim qui se précipite chez Ali Baba qui car il veut tout savoir.

**L. 4 :** Aider les élèves pour la transformation de la phrase : « Ali lui raconta tout » → Ali raconta tout à qui ? à LUI → à Kassim.

**L. 8 :** Il est essentiel que les élèves comprennent que « l'homme » désigne Kassim. S'ils se trompent en pensant que c'est Ali Baba, tout le reste du texte sera incompris. **Passer auprès des élèves pour vérifier que leur réponse est « Kassim ».**

**L. 10 :** « Lui » se rapporte au dernier nom cité, ici « l'homme » = Kassim. Demander aux élèves pourquoi il est écrit « aussi » dans l'expression « lui aussi ». Ils doivent alors évoquer l'épisode 3, lorsqu'Ali Baba a découvert les merveilles de la grotte.

**L. 12 :** « y » : Toutes les merveilles qui se trouvaient où ? → Dans la caverne.

→ Ajouter ce pronom sur l'affiche.

> NB : Cela permet d'expliquer aux élèves pourquoi il est incorrect de dire « Est-ce que je peux y aller aux toilettes ? ». En effet, « y » n'a pas d'antécédent. En revanche, dans la réponse : « Oui, tu peux y aller », le pronom désigne les toilettes précédemment citées dans la question.

**L. 15 :** À la lecture de la phrase « Il faut que j'en prenne un maximum ! », c'est l'occasion de demander à l'oral aux élèves, quel est l'antécédent de « il ». Il n'y en a pas, car ici, ce pronom est impersonnel comme dans les formules « il y a », « il pleut », etc. d'une manière générale.

**L. 15 :** « j' » : C'est la première fois que les élèves rencontrent ce pronom. Mais ils ont déjà rencontré « je ». C'est l'occasion de dire (ou de rappeler) que l'apostrophe remplace souvent un A ou un E. Ici le E de « je ». → Ajouter ce pronom sur l'affiche.

**L. 27 :** Aider les élèves pour la transformation de la phrase : « Les voleurs furent mécontents de LE trouver là. » → Ils furent mécontents de trouver qui ? LE → Kassim.

**L. 28 :** Procéder de même avec « le ».

## • Le lexique

> À partir de cet épisode, sur les fiches A**, les élèves devront parfois écrire un synonyme du mot en gras signalé dans le texte. Cela les incite à chercher par eux-mêmes, tout comme les lecteurs experts le font dans leurs lectures. Les mots choisis sont généralement connus des élèves, mais peu utilisés dans leur langage oral. Se reporter au *Guide pédagogique général p. 14, « Comment comprendre le lexique grâce au contexte ? »* pour gérer les synonymes approchants ou erronés des élèves.

Début de l'épisode :

**Fila** = courut. À ne pas confondre avec « filer » au sens de « transformer en fil ».

**Stupéfait** = étonné. Même si Kassim est apparemment jaloux de son frère, il ne ressent pas cette émotion en entrant dans la caverne.

**Sans savoir où donner de la tête** = Les mots « excité » et « courait » au début de la phrase aident les élèves à comprendre cette expression.

Fin de l'épisode :

**À ras bord :** Les élèves connaissent peut-être cette expression sans savoir l'orthographier. Illustrer cette expression avec un gobelet d'eau/de sucre et dont on rase le bord.

Bien sûr, Kassim cherche à remplir ses sacs au maximum.

**Mécontents** = fâchés. Seule une lecture du texte jusqu'à la fin permet aux élèves de savoir que les cavaliers sont fâchés de trouver un inconnu dans leur grotte. La rencontre de ce mot permet de compléter ou d'entamer une liste de mots contraires (content/mécontent).

> NB. : À la fin de l'étude du début de l'épisode, mener une séance de production d'écrit pour résumer le début de l'histoire, dans la bulle qui sort de la bouche d'Ali Baba. Si les élèves ont besoin de davantage de place, utiliser l'illustration agrandie dans les ressources numériques :
>
> *Ali-Ep4-1-Résumé à rédiger*
>
> Exemple de résumé :
>
> « L'autre jour, pendant que je coupais du bois, j'ai entendu des cavaliers arriver alors j'ai grimpé dans un arbre car j'ai eu peur. Et là, j'ai vu le chef dire « Sésame, ouvre-toi » devant un gros rocher. Et le gros rocher a roulé sur le côté ! Les hommes sont entrés et lorsqu'ils sont ressortis les mains vides, le chef a dit « Sésame, ferme-toi ! » et le gros rocher a rebouché l'entrée de la grotte.
>
> Quand ils ont été partis, j'ai répété les formules. J'ai pu emporter des pierres précieuses, des pièces d'or, des bijoux, etc. Quand je suis rentré, ma femme a eu l'idée de venir t'emprunter un pot pour compter les pièces d'or ! »

## Activités de la fiche B

### Mise en commun de la fiche B

**1 Quel indice a permis à Kassim de savoir qu'Ali Baba avait trouvé de l'or ?**

Kassim a su qu'Ali Baba avait trouvé de l'or car sa femme lui avait montré une pièce d'or collée sous le pot à mesurer.

Cette question porte sur le mot « ainsi » (l. 1) qui fait le lien avec la fin de l'épisode 3. Insister sur ce mot lors de la relecture de l'épisode entier en début de séance. Les élèves risquent de répondre que c'est parce qu'Ali Baba lui a tout raconté.

**2 À la ligne 20, pourquoi le rocher ne bouge-t-il pas ?**

Le rocher ne bouge pas car Kassim n'a pas dit la bonne formule magique !

Pour répondre, les élèves doivent comparer les deux formules magiques, et avoir mémorisé la bonne.

**3 À la ligne 27, pourquoi les voleurs sont-ils mécontents ?**

Les voleurs sont mécontents car un inconnu est entré dans la grotte et était en train de voler des objets précieux.

Pour répondre, les élèves doivent mettre en lien plusieurs informations lues précédemment : Kassim était dans la grotte sans l'autorisation des voleurs ; il avait rempli des sacs avec des objets précieux donc il était en train de voler.

# Ali Baba – Épisode 5

Des élèves reformulent puis relisent le texte précédent de manière dialoguée et expressive pour se remémorer l'histoire.

## Activités de la fiche 5A

### Lecture de l'illustration

Début de l'épisode : On voit Ali Baba et une femme que l'on ne connait pas encore, qui se disent un secret (positionnement des mains). Qui est-elle ? Que se disent-ils ? Émission d'hypothèses.

À l'arrière-plan, on voit des pieds sous un drap. Ce sont sans doute les pieds de Kassim. Mais comment est-il arrivé dans cette maison ? À qui appartient la maison ? Les élèves émettent là encore des hypothèses.

Fin de l'épisode : On voit le chef des voleurs avec des voleurs. Ils sont tous très en colère. Au sol, on reconnait le turban de Kassim et une de ses chaussures (si besoin confirmer que c'est bien à lui en observant l'illustration précédente). On comprend que les voleurs ont découvert la disparition de leur victime. Préciser que les voleurs ne savent pas qu'il s'agit de Kassim. Cela sera important pour les pronoms dans le texte. Faire des hypothèses sur les raisons de leur colère et la suite de l'histoire.

### Coloriage des cases de la légende

### Mots pouvant poser problème pour le déchiffrage

Selon la classe, sélectionner parmi les mots proposés ci-dessous, ceux susceptibles de poser problèmes et/ou relever d'autres mots.

Début de l'épisode :

**L. 4 :** « corps » : les lettres ***ps*** sont muettes.

**L. 6 :** Expliquer le mot « belle-sœur (n. f.) » = La femme de Kassim est la belle-sœur d'Ali Baba.

**L. 7 :** « esclave » : mot facile à déchiffrer mais dont il faut expliquer le sens avant le début du texte.

Fin de l'épisode :

**L. 25 :** « évidemment » : le deuxième ***e*** se prononce [a].

**Dans la colonne de droite :** « furent » : Les lettres ***-nt*** sont muettes et le mot signifie « ils ont été ».

## Mise en commun de la fiche A

### • L'énonciation

Les élèves réinvestissent les acquis des textes précédents pour colorier les paroles des personnages. Il n'y a plus de nouveauté à partir de cet épisode.

Cependant, certains élèves peuvent commettre l'erreur classique de colorier en violet les paroles aux lignes 9-13, car il est écrit « Morgiane ». Expliquer que le locuteur ne prononce jamais son propre prénom.

Les élèves recopient les paroles dans la bulle, sans l'incise. Ils doivent aussi dessiner la pointe de la bulle vers le chef qui parle. Dire aux élèves d'écrire petit.

Interprétation de la ponctuation : Demander aux élèves quel ton utiliser pour lire les paroles du texte. Ils peuvent s'aider des illustrations.

### • Les pronoms personnels

#### Début de la fiche 5A

O Paroles d'Ali Baba | Vio Paroles de la femme | M Pa

À la nuit tombée, inquiète de ne pas voir revenir Kassim sa femme courut prévenir Ali Baba. Celui-ci retourna à la grotte et trouva le corps sans vie de son frère. Il le ramena **discrètement** chez sa belle-sœur et demanda à la fidèle esclave de la maison :

— Morgiane, toi qui es **débrouillarde**, arrange-toi pour que personne ne sache que ton maitre a été assassiné. Les gens ne doivent pas savoir que la grotte existe.

Dès le lendemain matin, elle alla raconter en ville que Kassim était tombé très gravement malade.

De cette façon, la famille annonça

#### Fin de la fiche 5A

Et il fut enterré sans que personne se doutât de rien. Quelques jours plus tard, Ali Baba s'installa dans la riche maison de son frère.

Pendant ce temps, les voleurs retournèrent à la caverne. Et là évidemment, ils **constatèrent** que le corps de Kassim avait disparu.

— Cela veut dire que quelqu'un d'autre connait notre secret ! **pesta** le chef. Il faut absolument le trouver et **l'éliminer** !

**L. 3 :** « Celui-ci » indique toujours la personne dont on vient de parler immédiatement. Il désigne un nom masculin. → Ajouter ce pronom sur l'affiche.

**L. 5 :** Certains élèves peuvent se tromper en écrivant « il = son frère », car ils auront regardé le dernier nom masculin cité en appliquant l'astuce de la recherche du dernier nom avant le pronom. Malheureusement cette règle n'est pas infaillible. Les élèves doivent prendre l'habitude de remplacer le pronom par le nom auquel ils pensent. Ce qui donnerait ici : Kassim le ramena discrètement chez sa belle-sœur. Ce qui est impossible puisque Kassim est mort.

Aider les élèves pour la transformation de la phrase : « Il LE ramena. » → Ali ramena qui ou quoi ? LE → le corps sans vie de son frère.

**L. 9 :** « toi » désigne la personne à qui le locuteur parle. → Ajouter ce pronom sur l'affiche.

**L. 11 :** Si les élèves ne savent pas de quel maitre il s'agit, ils peuvent s'aider des mots « a été assassiné ».

**L. 29 :** « LE » : Aider les élèves pour la transformation de la phrase : « Il faut absolument LE trouver. » → Il faut absolument trouver qui ? LE → quelqu'un d'autre qui connait le secret.

Les élèves auront peut-être tendance à écrire « Ali Baba » car ils savent que c'est lui qui connait le secret. Cela montre qu'ils ont parfaitement compris l'histoire. Mais l'enseignant doit leur faire remarquer que le chef des voleurs ne connait pas le nom d'Ali Baba.

### • Le lexique

Début de l'épisode :

**Discrètement :** Les élèves peuvent imaginer qu'Ali Baba pleure bruyamment tant il est attristé par la mort de son frère. Mais la suite du texte invite le lecteur à comprendre qu'il ne souhaite pas ébruiter la mort de son frère. Donc discrètement = sans faire de bruit.

**Débrouillarde :** Cela ne peut pas signifier « bête », sinon Ali Baba ne lui demanderait pas un service. Inciter les élèves à lire toutes les paroles prononcées par Ali Baba avant de répondre.

Fin de l'épisode :

**Ils constatèrent :** Si des élèves cochent l'expression « ils furent tristes », ils doivent se rendre compte que leur proposition est incohérente avec le mot « évidemment », mais aussi avec la dernière phrase du texte.

**Il pesta :** Pour cocher la bonne réponse, les élèves doivent se mettre dans la peau du chef pour comprendre qu'il est en colère car quelqu'un est entré dans la grotte, connait le secret de la formule et l'existence du trésor.

**L'éliminer :** « Le tuer » est plus cohérent avec la colère du chef. Par ailleurs, le lecteur a compris qu'il n'est pas un tendre.

## Activités de la fiche B

### Mise en commun de la fiche B

**1 À la ligne 15, pourquoi Morgiane ment-elle ?**

Morgiane ment car Ali Baba lui a demandé de ne pas dire que Kassim/son maitre avait été assassiné.

Ou Morgiane ment car il ne faut pas que des gens connaissent l'existence de la grotte.

Pour répondre à cette question, les élèves doivent faire le lien avec les paroles d'Ali Baba qui précèdent (l. 9 à 13).

En collectif, pour s'assurer que les élèves ont bien compris, demander : « Comment Kassim est-il réellement mort ? » Pour répondre, il faut rechercher les informations dans les épisodes 4 et 5 qui prouvent que Kassim est mort assassiné par les voleurs dans la grotte.

**2 Écris ce que Morgiane pourrait dire aux gens qu'elle croise au marché.**

Mener une séance de production d'écrit en se reportant aux conseils donnés dans le guide pédagogique général p. 17. La préparation orale collective préalable est gage de réussite à l'écrit.

Ex. : Oh là là ! Que c'est triste, mon maitre Kassim est bien malade. Le médecin ne sait pas s'il va guérir. Il ne mange plus, ne se lève plus depuis trois jours. Je ne l'ai jamais vu si malade. Il tousse, a du mal à respirer. Il a beaucoup de fièvre. Il a une maladie très contagieuse, il ne faut pas venir voir sa famille.

Les élèves écrivent tout ou partie de l'exemple de réponse. Ou bien ils peuvent inventer autre chose.

**3 De quel secret parle le chef à la ligne 28 ?**

Le chef parle du secret de la formule magique pour entrer dans la grotte.

Des élèves peuvent penser qu'il s'agit du secret de l'assassinat. Mais le secret le plus précieux, selon le chef, est l'existence de la grotte, de ses richesses et de la formule magique pour y entrer.

### Prolongement

À l'oral, interroger les élèves sur les raisons de la colère du chef, en les invitant à se mettre à sa place. Puis demander : « Comment le chef sait-il que quelqu'un connait le secret ? » Réponse attendue : Il le sait car le corps tué a été enlevé. Veiller à ce que les élèves distinguent leur point de vue de lecteur omniscient (qui sait qu'Ali Baba connait le secret), de celui du chef des voleurs (qui ne connait pas Ali Baba, ni son frère.)

# Ali Baba – Épisode 6

Des élèves reformulent puis relisent le texte précédent de manière dialoguée et expressive.

## Activités de la fiche 6A

### Lecture de l'illustration

Début de l'épisode : On reconnait le chef des voleurs. Il enfile de nouveaux habits, délaisse son chapeau, son sabre. Pourquoi ? (Hypothèses). On voit de grands pots à côté de lui. (Ne pas indiquer le terme de « jarre » car il est à découvrir dans le texte.) Que peuvent-ils contenir ? (Élaboration d'hypothèses).

Fin de l'épisode : On reconnait le chef des voleurs. Il discute avec Ali Baba. Que peuvent-ils se dire ? On voit Morgiane qui tient une lampe à huile. Expliquer aux élèves ce que c'est, et son fonctionnement.

### Coloriage des cases de la légende

### Mots pouvant poser problème pour le déchiffrage

Selon la classe, sélectionner parmi les mots proposés ci-dessous, ceux susceptibles de poser problèmes et/ou relever d'autres mots.

Début de l'épisode :

**L. 12 :** « plus » : le ***s*** se prononce.

Fin de l'épisode :

**L. 22 :** « accepta » : lecture des deux ***c***.

**L. 26 :** « cailloux » : lecture du graphème ***-aill***.

### Mise en commun de la fiche A

#### • L'énonciation

Les élèves réinvestissent les acquis des textes précédents pour colorier les paroles des personnages.

Interprétation de la ponctuation : Demander aux élèves quel ton utiliser pour lire les paroles.

#### • Les pronoms personnels

**Début de la fiche 6A**

Le capitaine des voleurs continua à parler :

— Allons discrètement nous renseigner en ville. Nous finirons bien par **dénicher** celui qui a découvert notre grotte.

Ainsi, à force de chercher, les brigands trouvèrent la maison d'Ali Baba. Le chef se déguisa alors en marchand d'huile et acheta autant de grandes **jarres** qu'il avait d'hommes, plus une.

— Cachez-vous là-dedans, leur dit-il et surtout ne faites aucun bruit !

Il remplit le dernier pot avec de l'huile.

**Fin de la fiche 6A**

Alors que le soir tombait, le faux marchand se présenta chez Ali Baba avec tout son chargement. Il lui demanda une chambre pour la nuit et **sans se méfier**, Ali accepta. Avant de se coucher, le chef alla en cachette donner **des consignes** à ses hommes :

— Vous ne devrez sortir que lorsque vous entendrez des cailloux tomber près de vous !

Pendant ce temps, Morgiane finissait son travail à la cuisine, mais sa lampe tomba en panne d'huile. Et la réserve était vide. La jeune femme décida donc d'aller en chercher dans une des jarres du marchand.

**L. 4 :** Première rencontre du pronom « nous » dans cette histoire.

Ce pronom est pluriel et désigne la personne qui parle (le capitaine des voleurs) + quelqu'un d'autre. Ici les voleurs. → Ajouter ce pronom sur l'affiche, à côté de « on ». À la ligne 3, « nous » désigne aussi le chef et les voleurs, mais est complément. Il est donc plus facile de chercher l'antécédent de celui qui est sujet, à la ligne 4.

**L. 8 :** « Les brigands » : ce terme a été vu dans l'épisode 2. Les élèves doivent ici écrire un synonyme, « les voleurs ».

**L. 11 :** « il » : Deux réponses sont acceptables : « le chef des voleurs » ou « le marchand d'huile ». Si des élèves sont dubitatifs, d'autres peuvent leur expliquer que c'est le même personnage, déguisé. (Les deux dénominations peuvent être acceptées ensuite.)

**L. 12 :** « une » : Ici il ne s'agit pas du déterminant mais du pronom indéfini désignant une jarre.

Comme l'usage de ce pronom est rare, et que les élèves l'ont assimilé comme un déterminant, mieux vaut ne pas l'écrire sur l'affiche des pronoms pour ne pas créer de confusion. Il appartient à la catégorie de mots qui peuvent avoir plusieurs natures ; tout comme « le » et « la » qui sont utilisés parfois en tant que pronoms.

**L. 13 :** Première rencontre avec le pronom « vous ». Il est au pluriel et désigne les personnes à qui on parle. Ici les voleurs. → Ajouter ce pronom sur l'affiche.

Ici « vous » est un pronom complément. Comme il est identique au pronom personnel sujet, il est possible de l'écrire dans les deux colonnes : sujet et complément (à la ligne 26, « vous » est utilisé comme sujet).

**L. 13 :** « leur » : Aider les élèves pour la transformation de la phrase : « LEUR dit-il. » → Le chef dit à qui ? à LEUR → aux voleurs. → Ajouter ce pronom sur l'affiche.

Il vaut mieux corriger d'abord le pronom « il » de « dit-il » (l. 13) pour que ce soit plus facile de transformer la phrase avec le pronom « LEUR ».

Faire remarquer que ces deux pronoms « vous » et « leur » désignent les voleurs : Dans le premier cas, c'est dans le dialogue, dans le second, dans la narration.

**L. 20 :** Comme dans l'épisode 5, certains élèves peuvent se tromper en écrivant « il = Ali Baba », car ils auront regardé le dernier nom masculin cité (l. 19). Mais en remplaçant « Il » par « Ali Baba », la phrase n'a plus de sens car ce n'est pas Ali Baba qui demande une chambre. Inciter les élèves à toujours effectuer mentalement les remplacements des pronoms personnels avant d'écrire leur réponse.

**L. 32 :** « en » remplace un nom de chose, et non pas un nom de personnage.

Aider les élèves pour la transformation de la phrase : « La jeune femme décida d'aller EN chercher. » → La jeune femme décida d'aller chercher quoi ? EN → de l'huile.

### • Le lexique

Début de l'épisode :

**Dénicher :** Même si le mot « niche » est à l'intérieur de ce mot, cela n'a pas ce sens ici.

**Une jarre :** Les élèves s'aident de l'illustration pour trouver la réponse. Ne pas le confondre avec le jars, mâle de l'oie.

Fin de l'épisode :

**Sans se méfier :** Ali Baba accepte de loger le marchand, car le lecteur sait qu'il est un homme bon. Si les élèves ont lu *Le Petit Poucet*, faire le lien avec la méfiance dont il fait preuve dans le lit, chez l'Ogre. Là, Ali Baba ne se méfie pas du marchand, il n'a pas peur.

Les élèves connaissent davantage l'expression « Méfie-toi » plutôt que le verbe à l'infinitif ou le nom « méfiance » (vu dans *Le Petit Poucet*).

**Des consignes :** Les élèves entendent souvent ce mot dans le contexte scolaire, mais ne conscientisent pas forcément que c'est un ordre. C'est l'occasion de faire le lien avec les consignes des exercices en classe.

## Activités de la fiche B

### Mise en commun de la fiche B

**1 Quel est le plan du chef et des voleurs en arrivant chez Ali Baba ?**

En arrivant chez Ali Baba, le chef et les voleurs veulent le tuer.

Pour répondre à cette question, les élèves doivent faire le lien avec la fin de l'épisode 5, qu'il est donc essentiel de relire en début de séance. Il est possible que des élèves procèdent par étape, et écrivent que les voleurs cherchent à savoir si c'est Ali Baba qui connait le secret de la grotte. Leur demander alors ce qui se passera si Ali Baba avoue avoir découvert la grotte.

**2 Combien de jarres a achetées le chef des voleurs ?**

Le chef des voleurs a acheté 40 jarres.

Pour répondre, les élèves doivent calculer qu'il y a 40 voleurs = le chef + 39 hommes. Donc il achète 39 jarres + 1 pour l'huile = 40 jarres.

**3 À ton avis, que va-t-il se passer si Morgiane découvre qu'il y a un homme caché dans la jarre où elle va chercher de l'huile ?**

Mener une séance de production d'écrit en se reportant aux conseils donnés dans le guide pédagogique général p. 17. La préparation orale collective préalable est gage de réussite à l'écrit.

# Ali Baba – Épisode 7 – Évaluation

La compréhension de l'épisode 7 fait l'objet d'une évaluation. Si les épisodes ont été étudiés en entier, l'évaluation peut porter sur l'épisode entier également. S'ils ont été étudiés en deux séances, alors l'évaluation portera sur le dernier texte.

Le déroulé reste identique mais lors de la phase individuelle d'étude du texte, les élèves se mettent au travail seuls, et sans aide.

Avant que les élèves répondent aux questions de la fiche B, la mise en commun est nécessaire pour permettre aux élèves qui n'ont pas réussi les fiches A de partir sur de bonnes bases.

Les élèves reçoivent le même niveau de fiche que d'habitude : les élèves ayant l'habitude de travailler sur les fiches A* passent l'évaluation sur une fiche similaire. Les élèves ayant l'habitude de travailler sur les fiches A** passent l'évaluation sur cette fiche.

Des élèves reformulent puis relisent le texte précédent de manière dialoguée et expressive.

## Activités de la fiche 7A

### Lecture de l'illustration

Début de l'épisode : Les élèves savent que des hommes sont cachés dans les jarres. On voit que Morgiane est étonnée. Par quoi ? Les élèves font des hypothèses sur les paroles qui seront à recopier dans les bulles et sur la réaction de Morgiane ensuite.

Fin de l'épisode : On voit Ali Baba, sa femme et Morgiane. Ils se congratulent et sont heureux. Le conte se finit bien. Qu'a-t-il donc bien pu se passer ? Comment Ali Baba, sa femme et Morgiane se sont-ils débarrassés des bandits ? Élaboration d'hypothèses.

### Coloriage des cases de la légende

### Mots pouvant poser problème pour le déchiffrage

Selon la classe, sélectionner parmi les mots proposés ci-dessous, ceux susceptibles de poser problèmes et/ou notifier d'autres mots.

Début de l'épisode :

**L. 2 :** « récipient » : ***-ent*** se lit [ã].

**Dans la colonne de droite :** « elle n'eut pas peur » : lecture de « eut ».

**L. 6 :** sang-froid : le ***g*** ne se prononce pas. Il s'agit du sang qui coule dans nos veines.

Fin de l'épisode :

**L. 18 :** intrus : le ***s*** ne se prononce pas.

## Mise en commun de la fiche A

### • L'énonciation

Comme il s'agit de l'évaluation, il n'y a pas de difficulté particulière. Les élèves doivent réinvestir ce qu'ils ont appris pour identifier les paroles des personnages.

Interprétation de la ponctuation : Demander aux élèves individuellement quel ton utiliser pour lire les paroles au début de l'épisode.

### • Les pronoms personnels

#### Début de la fiche 7A

En s'approchant du premier **récipient**, Morgiane entendit une voix demander :

— Est-ce l'heure ?

Elle fut stupéfaite… mais **ne perdit pas son sang-froid.**

— Non, pas encore, répondit-elle à voix basse.

La même chose se répéta à chaque vase. La jeune femme comprit vite que des bandits **s'étaient introduits** chez son maitre.

#### Fin de la fiche 7A

Elle remplit sa réserve grâce à la dernière jarre et décida de faire chauffer une grosse quantité d'huile. Puis sans faire de bruit, elle alla verser ce liquide bouillant dans chaque pot pour tuer tous **ces intrus**.

Si bien que lorsque le chef lança ses cailloux comme prévu, personne ne bougea. Il s'approcha et vit que ses hommes étaient tous morts **ébouillantés**. Alors **il se sauva à toutes jambes** et pendant longtemps, on n'entendit plus parler de lui.

Ali Baba, **enchanté** des services de Morgiane, et parce qu'elle lui avait sauvé la vie, décida pour la récompenser, de la **libérer de l'esclavage**.

Pas de difficulté particulière. Les élèves doivent réinvestir ce qu'ils ont appris pour identifier les antécédents des pronoms personnels.

À partir de la ligne 11, les élèves pourront écrire « voleurs » ou « brigands » puisqu'ils désignent les mêmes personnages.

### • Le lexique

Début de l'épisode :

**Un récipient :** Pour cocher la bonne case, les élèves doivent se rappeler qu'il n'y a pas d'invité. La relecture de l'épisode 6 en début de séance, sera une aide car le mot « jarre » est cité à la fin.

**Elle ne perdit pas son sang-froid :** À la lecture de la suite, les élèves comprennent que Morgiane n'a pas peur de ces voix.

**Ils s'étaient introduits :** Des élèves pourraient croire que les bandits se sont trompés car ils ont posé la question « Est-ce l'heure ? » alors qu'ils avaient ordre de se taire. Mais ce verbe ne convient pas syntaxiquement avec la préposition « chez ». Donc il faut cocher « ils étaient entrés ».

Fin de l'épisode :

**Ces intrus :** Les élèves doivent écrire qui sont les intrus. Ils doivent aussi cocher ce que signifie ce mot. Pour répondre, les élèves doivent avoir compris que les bandits cachés dans les pots, ne sont pas invités chez Ali Baba.

**Ébouillantés :** Pour répondre, les élèves doivent faire le lien avec les mots « bouillir », « bouillant ». La mise en commun est l'occasion de chercher d'autres mots de la famille : du bouillon, une bouilloire, de la bouillie, une bouillotte, etc.

**Il se sauva à toutes jambes :** Pour répondre, les élèves doivent se mettre dans la peau du chef des voleurs. Désormais seul, il doit s'enfuir.

**Enchanté :** Des élèves pourraient reconnaitre le mot « chanté » dans ce mot, mais cela ne convient pas dans le contexte. Donc il s'agit de « très content ».

**Libérer de l'esclavage :** Pour cocher la bonne réponse, les élèves doivent avoir compris que Morgiane n'était pas dans une cage, même si elle ne pouvait pas quitter la maison d'Ali Baba pour lequel elle travaillait.

## Activités de la fiche B

### Mise en commun de la fiche B

Seules les questions 1 et 2 seront évaluées. La question 3 est une question ouverte qui ne peut être évaluée.

**1 Pourquoi Morgiane est-elle surprise à la ligne 5 ?**

Morgiane est surprise car elle entend une voix qui vient de l'intérieur d'une jarre.

Les élèves s'interrogent une fois encore sur une émotion d'un personnage. Pour répondre, ils doivent se référer aux lignes précédentes.

**2 Quels sont les deux services que Morgiane a rendus à Ali Baba dans toute l'histoire ?**

En premier, Morgiane a menti pour cacher la vérité sur la mort de Kassim.

En deuxième, Morgiane a tué les bandits qui se préparaient à tuer Ali Baba.

Pour répondre, les élèves doivent se souvenir de ce qui s'est passé dans l'épisode 5, puis ils doivent se référer à ce qui vient de se passer à la ligne 17.

En cas de difficulté, leur dire qu'il faut se souvenir de tout ce que Morgiane a fait pour Ali Baba dans ce conte et pas seulement dans cet épisode. Éventuellement, permettre de relire l'épisode 5.

> Les élèves qui auraient besoin de cette relecture, doivent attirer l'attention de l'enseignant. Ils ont du mal à mémoriser les évènements d'un récit. Ils doivent être prioritairement sollicités lors des futures reformulations de récits narratifs.

**3 Qu'aurait pu faire Morgiane pour protéger Ali Baba, au lieu de tuer les bandits ?**

Morgiane aurait pu prévenir discrètement Ali Baba. Elle aurait (ou ils auraient) pu appeler la police pour faire enfermer les bandits en prison.

Pour répondre, les élèves doivent faire appel à leurs connaissances : on ne doit pas se faire justice soi-même normalement, mais on doit avoir recours à la police puis à la justice.

Les morts fréquentes et banalisées de ce conte peuvent heurter certains élèves. Cette question peut les apaiser car d'autres solutions sont recommandées dans la réalité.

Expliquer que des choses irréalistes se passent dans les contes, comme par exemple une formule magique qui permet de faire bouger un rocher ; des hommes qui se cachent dans des jarres ; bruler des hommes les uns après les autres sans qu'ils crient, etc.

### Prolongements

Si l'épisode 7 est étudié en deux séances, demander aux élèves, à l'oral ou à l'écrit, d'anticiper le dénouement, à la fin de la première partie de l'épisode.

À la toute fin du conte, leur demander : **Que pensez-vous du cadeau que fait Ali Baba à Morgiane, à la fin du texte ?** Cette question pose la question de l'esclavage. Les esclaves n'ont pas de droits. Libérer Morgiane lui permet donc de travailler et de vivre librement. La question de l'esclavage peut aussi être soulevée et faire l'objet d'un débat.

## Évaluation globale sur l'ensemble du conte

Outre l'évaluation qui porte sur l'épisode 7, une évaluation globale sur l'ensemble du conte doit être proposée afin d'évaluer la compréhension des stratégies par les élèves.

### • Évaluation sur le lexique

Les mots retenus appartiennent au langage courant et peuvent être réutilisés dans le quotidien et les productions d'écrits.

Une fois la fiche distribuée, la consigne et les mots à copier sont lus collectivement. Les phrases sont lues par des élèves collectivement et/ou individuellement, selon les habitudes de classe.

Les élèves se mettent au travail individuellement pour la copie des mots.

Attention, il y a quelques intrus. Dans un souci de différenciation, l'enseignant peut demander aux élèves qui ont fini les premiers d'écrire des phrases avec les mots restants. Cela peut être un bonus à l'évaluation, mais pas une pénalité.

### • Évaluation sur les pronoms

Le déroulement est le même que pour l'évaluation sur le lexique.

Certains mots peuvent être utilisés plusieurs fois. Prévenir les élèves qu'il ne faut pas barrer les propositions de la liste à copier.

> Les illustrations de chaque épisode, les corrigés des fiches par épisode (fiches A** et B*, les corrigés des évaluations ainsi que le livret A5 du conte sont présents dans les ressources numériques.
> Pour faciliter les impressions à l'école, toutes les fiches des contes sont proposées en noir.

Nom : ..........................................................  Date : ..................................



# Le Petit Poucet - Épisode 1

Il était une fois **un bucheron** et sa bucheronne qui vivaient dans la **misère.** Ils avaient sept jeunes garçons et n'avaient plus assez d'argent pour les nourrir.

Le plus jeune des fils était très petit mais il était aussi le plus malin. À sa naissance, on l'avait appelé le Petit Poucet car il n'était pas plus gros qu'un pouce.

**un bucheron :**
☐ un homme qui coupe du bois
☐ un homme qui aime les gâteaux de Noël

**la misère :** ☐ la richesse
☐ la pauvreté

Ils : ..........................................................
..........................................................

les : ..........................................................

il : ..........................................................

il : ..........................................................

Nom : ..........................................  Date : ..........................

**Fiche 1A** *

## Le Petit Poucet - Épisode 1

O Paroles du Petit Poucet | B Paroles du père | J Paroles de la mère

Un soir, avant de s'endormir, le Petit Poucet entendit son père dire à sa mère :

– Je ne veux pas voir nos enfants mourir de faim ! Demain, nous irons les perdre dans la forêt.

La mère **fondit en larmes** et **protesta** longtemps... mais le père ne changea pas d'idée.

Je : ..........................................

nous : ..........................................

les : ..........................................

**elle fondit en larmes :**

- ☐ elle avait chaud
- ☐ elle pleura

**elle protesta :**

- ☐ elle était d'accord
- ☐ elle n'était pas d'accord

Nom : ............................................................ Date : ..............................

Fiche 1A

# Le Petit Poucet - Épisode 1

Il était une fois **un bucheron** et sa bucheronne qui vivaient dans la **misère.** Ils avaient sept jeunes garçons et n'avaient plus assez d'argent pour les nourrir.

Le plus jeune des fils était très petit mais il était aussi le plus malin. À sa naissance, on l'avait appelé le Petit Poucet car il n'était pas plus gros qu'un pouce.

**un bucheron :**

☐ un homme qui coupe du bois

☐ un homme qui aime les gâteaux de Noël

**la misère :** ☐ la richesse

☐ la pauvreté

Ils : ..............................................................................................

les : ..............................................................

il : ..............................................................

il : ..............................................................

Nom : ..................................................... Date : ..............................

**Fiche 1A**

# Le Petit Poucet - Épisode 1

O Paroles du Petit Poucet B Paroles du père J Paroles de la mère

Un soir, avant de s'endormir, le Petit Poucet entendit son père dire à sa mère :

– Je ne veux pas voir nos enfants mourir de faim ! Demain, nous irons les perdre dans la forêt.

La mère **fondit en larmes** et **protesta** longtemps… mais le père ne changea pas d'idée.

Je : ..............................................

nous : ..............................................

les : ..............................................

**elle fondit en larmes :**

☐ elle avait chaud
☐ elle pleura

**elle protesta :**

☐ elle était d'accord
☐ elle n'était pas d'accord

Nom : ........................................ Date : ........................

**Fiche 1B**

Guide de réussite :

| APPRENDRE | FAIRE | Élève | PE |
|---|---|---|---|
| Comprendre un texte. | Dessiner tous les personnages du texte. | | |
| | Répondre à la question. | | |
| Écrire des textes. | Formuler une phrase réponse correcte. | | |
| Exercer une vigilance orthographique. | Copier les mots utiles du texte sans erreur. | | |

# Le Petit Poucet - Épisode 1

## 1 Dessine toute la famille et entoure le Petit Poucet.

## 2 Pourquoi les parents ont-ils besoin d'abandonner leurs enfants ?

*Les parents ont besoin d'abandonner leurs enfants car*

Nom : ..........................................  Date : ..............................

**Fiche 2A***

# Le Petit Poucet - Épisode 2

| | | | |
|---|---|---|---|
| O Paroles du Petit Poucet | B Paroles du père | J Paroles de la mère | R Paroles des 6 frères |

Le Petit Poucet ne dit rien à personne du secret des parents. Il attendit **l'aube** et sortit se remplir les poches de petits cailloux blancs.

Plus tard, toute la famille partit ramasser du bois dans une sombre forêt. Pendant que les enfants s'occupaient à faire des **fagots**, les parents s'éloignèrent peu à peu puis, tout à coup, disparurent.

**Affolés** de se voir ainsi seuls, les grands frères se mirent à pleurer et crier :

– Maman !!! Papa !!! Où êtes-vous ?...

Il : ..............................................

**l'aube :** ☐ le lever du soleil
☐ le coucher du soleil

Entoure l'image des fagots :

**Affolés :** ☐ en colère
☐ apeurés

vous : ..............................................

Nom : ..............................................................  Date : ..............................

**Fiche 2A***

# Le Petit Poucet - Épisode 2

☐ O Paroles du Petit Poucet    ☐ R Paroles des 6 frères

Le Petit Poucet les rassura :
– Ne vous inquiétez pas, je sais comment rentrer à la maison ! Suivez-moi !

Et grâce aux cailloux blancs qu'il avait pris soin de **semer** tout au long du chemin, il les ramena au **logis**.

les : ..............................

je : ..............................

moi : ..............................

il : ..............................

**semer :** ☐ manger / ☐ poser

les : ..............................

**le logis :** ☐ la maison
☐ la forêt

Nom : ..............................................................  Date : ..............................

Fiche 2A

# Le Petit Poucet - Épisode 2

O Paroles du Petit Poucet | B Paroles du père | J Paroles de la mère | R Paroles des 6 frères

Le Petit Poucet ne dit rien à personne du secret des parents. Il attendit **l'aube** et sortit se remplir les poches de petits cailloux blancs.

Plus tard, toute la famille partit ramasser du bois dans une sombre forêt. Pendant que les enfants s'occupaient à faire des **fagots**, les parents s'éloignèrent peu à peu puis, tout à coup, disparurent.

**Affolés** de se voir ainsi seuls, les grands frères se mirent à pleurer et crier :

– Maman !!! Papa !!! Où êtes-vous ?...

Il : ..............................................

**l'aube :** ☐ le lever du soleil
☐ le coucher du soleil

Entoure l'image des fagots :

**Affolés :** ☐ en colère
☐ apeurés

vous : ..............................................

Nom : ..................................................... Date : ..............................

**Fiche 2A**

# Le Petit Poucet - Épisode 2

☐ O Paroles du Petit Poucet ☐ R Paroles des 6 frères

Le Petit Poucet les rassura :

– Ne vous inquiétez pas, je sais comment rentrer à la maison ! Suivez-moi !

Et grâce aux cailloux blancs qu'il avait pris soin de **semer** tout au long du chemin, il les ramena au **logis**.

les : ..............................

je : ..............................

moi : ..............................

il : ..............................

**semer :** ☐ manger / ☐ poser

les : ..............................

**le logis :** ☐ la maison
☐ la forêt

Nom : ..............................................................................................  Date : ..................................................

Fiche 2B

Guide de réussite :

| APPRENDRE | FAIRE | Élève | PE |
|---|---|---|---|
| Comprendre un texte. | Répondre aux questions. | | |
| Écrire des textes. | Formuler des phrases réponses correctes. | | |
| Exercer une vigilance orthographique. | Copier les mots utiles du texte sans erreur. | | |

## Le Petit Poucet - Épisode 2

### 1 Quel est le secret des parents à la ligne 2 ?

Le secret des parents est

### 2 Pourquoi les 6 frères pleurent-ils et crient-ils à la ligne 14 ?

Les 6 frères pleurent car

### 3 Comment le Petit Poucet fait-il pour ramener ses frères à la maison ?

Le Petit Poucet

Nom : ..........................................................  Date : ..............................

**Fiche 3A***

# Le Petit Poucet - Épisode 3

B Paroles du père   J Paroles de la mère   Ro Paroles de l'homme

Pendant ce temps, les parents étaient rentrés à la maison. Un homme frappa à la porte.

— Tenez, leur dit-il. Voici l'argent que **le seigneur** vous doit.

Et il leur donna **une bourse** bien remplie.

La bucheronne acheta de la viande et à la fin du repas il en restait encore beaucoup.

leur : ..........................................

il : ..........................................

**le seigneur :** le chef du village

vous : ..........................................

il : ..........................................

leur : ..........................................

**une bourse :**

☐ une bouteille

☐ un portemonnaie

Nom : ........................................ Date : ..............................

**Fiche 3A***

# Le Petit Poucet - Épisode 3

| | | | | | | | | | |
|---|---|---|---|---|---|---|---|---|---|
| O | Paroles du Petit Poucet | B | Paroles du père | J | Paroles de la mère | R | Paroles des 6 frères | Vio | Paroles des 7 frères |

La mère pensa à ses chers enfants et pleura :

— Hélas ! Où sont-ils **à présent** ? Dire qu'ils auraient pu profiter de ce bon repas ! Peut-être ont-ils été mangés par les loups ?

Or, les garçons venaient d'arriver à la porte. Ils entendirent ce que leurs parents disaient et entrèrent soudain.

— Nous voilà ! On est là !

Tout le monde s'embrassa joyeusement, les enfants mangèrent de bon appétit… et ce bonheur dura, tant que dura l'argent…

ils : ..............................

**à présent** : ☐ demain
☐ maintenant

ils : ..............................

ils : ..............................

Ils : ..............................

On : ..............................

Tout le monde : ..............................
..............................

Nom : ..............................................  Date : ..............................

Fiche 3A

# Le Petit Poucet - Épisode 3

B Paroles du père    J Paroles de la mère    Ro Paroles de l'homme

Pendant ce temps, les parents étaient rentrés à la maison. Un homme frappa à la porte.

— Tenez, leur dit-il. Voici l'argent que **le seigneur** vous doit.

Et il leur donna **une bourse** bien remplie.

La bucheronne acheta de la viande et à la fin du repas il en restait encore beaucoup.

leur : ..............................................

il : ..............................................

**le seigneur :** le chef du village

vous : ..............................................

il : ..............................................

leur : ..............................................

**une bourse :**

- ☐ une bouteille
- ☐ un portemonnaie

Nom : ..................................................... Date : ..........................

Fiche 3A

# Le Petit Poucet - Épisode 3

| | | | | | | | | | |
|---|---|---|---|---|---|---|---|---|---|
| O | Paroles du Petit Poucet | B | Paroles du père | J | Paroles de la mère | R | Paroles des 6 frères | Vio | Paroles des 7 frères |

La mère pensa à ses chers enfants et pleura :

— Hélas ! Où sont-ils **à présent** ? Dire qu'ils auraient pu profiter de ce bon repas ! Peut-être ont-ils été mangés par les loups ?

Or, les garçons venaient d'arriver à la porte. Ils entendirent ce que leurs parents disaient et entrèrent soudain.

— Nous voilà ! On est là !

Tout le monde s'embrassa joyeusement, les enfants mangèrent de bon appétit… et ce bonheur dura, tant que dura l'argent…

ils : ..........................................

**à présent** : ☐ demain ☐ maintenant

ils : ..........................................

ils : ..........................................

Ils : ..........................................

On : ..........................................

Tout le monde : ..........................................

..........................................

Nom : ..................................................  Date : ..............................

**Fiche 3B**

Guide de réussite :

| APPRENDRE | FAIRE | Élève | PE |
|---|---|---|---|
| Comprendre un texte. | Répondre aux questions. | | |
| Écrire des textes. | Formuler des phrases réponses correctes. | | |
| Exercer une vigilance orthographique et mobiliser les acquisitions travaillées. | Copier les mots utiles du texte sans erreur. | | |
| | Écouter les sons des syllabes pour écrire les mots et les espacer correctement. | | |
| | Ponctuer les phrases. | | |
| | Réaliser les accords appris en classe. | | |

## Le Petit Poucet - Épisode 3

### 1 Pourquoi la mère pleure-t-elle à la ligne 12 ?

*La mère pleure car*

### 2 Pourquoi la famille est-elle joyeuse à la ligne 23 ?

### 3 Écris dans la bulle ce que l'enfant pourrait répondre à sa maman.

Nom : .................................................. Date : ..............................

Fiche 4A*

# Le Petit Poucet - Épisode 4

O Paroles du Petit Poucet | B Paroles du père | J Paroles de la mère

Un jour, le problème recommença et les parents décidèrent à nouveau de perdre les enfants dans la forêt. Mais ce jour-là, quand le Petit Poucet voulut sortir, il trouva la porte fermée à clé.

« **Voilà qui tombe mal !** pensa-t-il. Comment vais-je faire sans mes cailloux ? »

C'est lorsque sa mère lui donna un morceau de pain qu'il trouva l'idée : « Je vais en faire des **boulettes** que je sèmerai sur le chemin. »

il : ..................................................

**Voilà qui tombe mal :**

- ☐ Le Petit Poucet se fait mal.
- ☐ Il a un problème.

il : ..................................................

je : ..................................................

lui : ..................................................

il : ..................................................

Je : ..................................................

**des boulettes de** ..............................

Nom : ..........................................................................    Date : ..................................

**Fiche 4A***

# Le Petit Poucet - Épisode 4

La marche en forêt fut plus longue que la première fois. Quand les parents **s'éclipsèrent**, le Petit Poucet n'était pas inquiet… jusqu'au moment de rentrer où il ne retrouva aucune trace du pain.

Les oiseaux s'étaient chargés de tout **becqueter**…

Cette fois, les enfants étaient **bel et bien** perdus !
Ils marchèrent au hasard…
La nuit tomba, un grand vent se leva,
et puis la pluie glacée…
et partout des craquements,
des hurlements de loups…

**ils s'éclipsèrent :**
- ☐ ils arrivèrent
- ☐ ils disparurent

il : ..............................

tout : ..............................................

**becqueter :**
- ☐ manger avec le bec
- ☐ chanter avec le bec

**bel et bien :**
- ☐ beaux et gentils
- ☐ vraiment

Ils : ..............................................

Nom : .................................... Date : ....................

**Fiche 4A**

# Le Petit Poucet - Épisode 4

O Paroles du Petit Poucet   B Paroles du père   J Paroles de la mère

Un jour, le problème recommença et les parents décidèrent à nouveau de perdre les enfants dans la forêt. Mais ce jour-là, quand le Petit Poucet voulut sortir, il trouva la porte fermée à clé.

« **Voilà qui tombe mal !** pensa-t-il. Comment vais-je faire sans mes cailloux ? »

C'est lorsque sa mère lui donna un morceau de pain qu'il trouva l'idée : « Je vais en faire des **boulettes** que je sèmerai sur le chemin. »

il : ....................

**Voilà qui tombe mal :**
- ☐ Le Petit Poucet se fait mal.
- ☐ Il a un problème.

il : ....................

je : ....................

lui : ....................

il : ....................

Je : ....................

**des boulettes de** ....................

Nom : ............................................ Date : ..............................

Fiche 4A

# Le Petit Poucet - Épisode 4

La marche en forêt fut plus longue que la première fois. Quand les parents **s'éclipsèrent**, le Petit Poucet n'était pas inquiet… jusqu'au moment de rentrer où il ne retrouva aucune trace du pain.

Les oiseaux s'étaient chargés de tout **becqueter**…

Cette fois, les enfants étaient **bel et bien** perdus ! Ils marchèrent au hasard… La nuit tomba, un grand vent se leva, et puis la pluie glacée… et partout des craquements, des hurlements de loups…

**ils s'éclipsèrent :**
- ☐ ils arrivèrent
- ☐ ils disparurent

il : ..............................

tout : ..............................

**becqueter :**
- ☐ manger avec le bec
- ☐ chanter avec le bec

**bel et bien :**
- ☐ beaux et gentils
- ☐ vraiment

Ils : ..............................

Nom : ........................ Date : ........................ **Fiche 4B**

Guide de réussite :

| APPRENDRE | FAIRE | Élève | PE |
|---|---|---|---|
| Comprendre un texte. | Répondre aux questions. | | |
| Écrire des textes. | Formuler des phrases réponses correctes. | | |
| Exercer une vigilance orthographique et mobiliser les acquisitions travaillées. | Copier les mots utiles du texte sans erreur. | | |
| | Écouter les sons des syllabes pour écrire les mots et les espacer correctement. | | |
| | Ponctuer les phrases. | | |
| | Réaliser les accords appris en classe. | | |

## Le Petit Poucet - Épisode 4

**1 À la ligne 1, quel problème recommence ?**

*Le problème est que*

**2 À la ligne 17, pourquoi le Petit Poucet n'est-il pas inquiet tout de suite après la disparition de ses parents ?**

*Le Petit Poucet n'est pas inquiet tout de suite après la disparition de ses parents car*

**3 Écris la réponse du Petit Poucet à son frère.**

Nom : ..................................... Date : .....................

**Fiche 5A***

# Le Petit Poucet - Épisode 5

O Paroles du Petit Poucet — R Paroles des 6 frères — Vio Paroles des 7 frères

Espérant calmer ses frères qui pleuraient **tant et plus**, le Petit Poucet grimpa au sommet d'un arbre.

– Je vois une lumière là-bas, s'écria-t-il. Venez, nous sommes sauvés !

Les enfants eurent bien du mal à **se frayer un chemin** parmi toute **la végétation** mais finalement, ils arrivèrent à une maison. Ils frappèrent. Une femme ouvrit et le Petit Poucet demanda à passer la nuit chez elle.

**tant et plus :** ☐ un peu ☐ beaucoup

Je : .....................

nous : .....................

**se frayer un chemin :** créer un chemin

**la végétation :** ☐ les plantes ☐ les animaux

ils : .....................

elle : .....................

Nom : ........................................ Date : ........................

**Fiche 5A***

## Le Petit Poucet - Épisode 5

| | | | |
|---|---|---|---|
| O Paroles du Petit Poucet | M Paroles de la femme | V Paroles de son mari | R Paroles des 6 frères |

– Hélas, mes pauvres petits ! se désola-t-elle. Vous êtes ici chez un Ogre dévoreur d'enfants ! **Pour sûr**, il va vous manger !

– Ou peut-être **aura-t-il pitié de nous** ? **insista** le garçon.

Ils entrèrent et purent se réchauffer un peu. Mais l'Ogre arriva. Vite, la femme se dépêcha de les cacher sous un lit.

– Ha ha ! fit l'Ogre de sa grosse voix, tout en reniflant l'air avec gourmandise. Ça sent **la chair fraiche** par ici !

Il alla droit au lit et tira de dessous, un par un, les petits malheureux.

mes pauvres petits : ........................................

Vous : ........................................

**Pour sûr :** ☐ Pourquoi ☐ C'est sûr

il : ........................................

vous : ........................................

**aura-t-il pitié de nous :**
☐ sera-t-il gentil avec nous
☐ sera-t-il méchant avec nous

nous : ........................................

**insista :** ☐ redemanda ☐ dit en riant

le garçon : ........................................

Ils : ........................................

les : ........................................

**La chair fraiche :** ☐ la viande de lapin / ☐ les enfants qui sont de la viande pour l'Ogre

Il : ........................................

les petits malheureux : ........................................

Nom : ........................................ Date : ....................

**Fiche 5A**

# Le Petit Poucet - Épisode 5

| | | | | | |
|---|---|---|---|---|---|
| O | Paroles du Petit Poucet | R | Paroles des 6 frères | Vio | Paroles des 7 frères |

Espérant calmer ses frères qui pleuraient **tant et plus**, le Petit Poucet grimpa au sommet d'un arbre.

– Je vois une lumière là-bas, s'écria-t-il. Venez, nous sommes sauvés !

Les enfants eurent bien du mal à **se frayer un chemin** parmi toute **la végétation** mais finalement, ils arrivèrent à une maison. Ils frappèrent. Une femme ouvrit et le Petit Poucet demanda à passer la nuit chez elle.

**tant et plus :** ☐ un peu ☐ beaucoup

Je : ........................................

nous : ........................................

**se frayer un chemin :** créer un chemin

**la végétation :** ☐ les plantes ☐ les animaux

ils : ........................................

elle : ........................................

Nom: ..................................................  Date: ..............................

**Fiche 5A**

## Le Petit Poucet - Épisode 5

O Paroles du Petit Poucet — M Paroles de la femme — V Paroles de son mari — R Paroles des 6 frères

– Hélas mes pauvres petits ! se désola-t-elle. Vous êtes ici chez un Ogre dévoreur d'enfants ! **Pour sûr**, il va vous manger !

– Ou peut-être **aura-t-il pitié de nous** ? **insista** le garçon.

Ils entrèrent et purent se réchauffer un peu. Mais l'Ogre arriva. Vite, la femme se dépêcha de les cacher sous un lit.

– Ha ha ! fit l'Ogre de sa grosse voix, tout en reniflant l'air avec gourmandise. Ça sent **la chair fraiche** par ici !

Il alla droit au lit et tira de dessous, un par un, les petits malheureux.

mes pauvres petits : ..............................
..............................

Vous : ..............................

**Pour sûr :** ☐ Pourquoi
☐ C'est sûr

il : ..............................

vous : ..............................

**aura-t-il pitié de nous :**
☐ sera-t-il gentil avec nous
☐ sera-t-il méchant avec nous

nous : ..............................

**insista :** ☐ redemanda
☐ dit en riant

le garçon : ..............................

Ils : ..............................

les : ..............................

**La chair fraiche :** ☐ la viande de lapin / ☐ les enfants qui sont de la viande pour l'Ogre

Il : ..............................

les petits malheureux : ..............................
..............................

Nom : ........................................ Date : ....................

Fiche 5B**

Guide de réussite :

| APPRENDRE | FAIRE | Élève | PE |
|---|---|---|---|
| Comprendre un texte. | Répondre aux questions. | | |
| Écrire des textes. | Formuler des phrases réponses correctes. | | |
| Exercer une vigilance orthographique et mobiliser les acquisitions travaillées. | Copier les mots utiles du texte sans erreur. | | |
| | Écouter les sons des syllabes pour écrire les mots et les espacer correctement. | | |
| | Ponctuer les phrases. | | |
| | Réaliser les accords appris en classe. | | |

## Le Petit Poucet - Épisode 5

**1 À la ligne 14, pourquoi la femme de l'Ogre est-elle désolée ?**

La femme de l'Ogre est désolée car

**2 Que fait la femme de l'Ogre pour être gentille avec les enfants ?**

**3 À la ligne 24, pourquoi l'Ogre renifle-t-il l'air avec gourmandise ?**

L'Ogre renifle l'air avec gourmandise car

**4 À ton avis, que va-t-il se passer dans le prochain texte ?**

Nom : ............................................................ Date : ................................

**Fiche 6A** *

# Le Petit Poucet - Épisode 6

| | | | | | | | | | |
|---|---|---|---|---|---|---|---|---|---|
| O | Paroles du Petit Poucet | V | Paroles de l'Ogre | M | Paroles de la femme de l'Ogre | R | Paroles des 6 frères | Vio | Paroles des 7 frères |

Par chance, l'épouse avait cuisiné un repas très **copieux** et **persuada** son mari de garder les enfants jusqu'au lendemain…

Elle alla les coucher. Dans la chambre il y avait deux grands lits et **dans l'un d'eux** dormaient déjà les sept filles de l'Ogre. Chacune avait une couronne d'or sur la tête. Les frères prirent place dans l'autre lit.

Une fois tout le monde endormi, le Petit Poucet réfléchit : « **Méfiance**, méfiance… Et si j'échangeais les couronnes des filles contre nos bonnets de garçons ? »

l'épouse de : ..............................

**copieux** = ☐ gros et bon ☐ petit et mauvais

**elle persuada** = ☐ elle se moqua ☐ elle insista

Elle : ..............................

les : ..............................

**dans l'un d'eux** = dans l'un des lits

Chacune : ..............................

tout le monde : ..............................
..............................
..............................

**Méfiance** = ☐ dormons / ☐ attention

j' : ..............................

Nom : ..................................................... Date : ..............................

Fiche 6A*

## Le Petit Poucet - Épisode 6

Sans bruit, le Petit Poucet **troqua** couronnes et bonnets, et il fit bien !

Car dans la nuit, l'Ogre se réveilla et regretta de n'avoir pas encore tué les petits. Il marcha **à tâtons** vers le lit des garçons et fut étonné d'y sentir des couronnes.

Il alla donc vers l'autre lit, reconnut les bonnets et là, sans le savoir, il tua ses sept filles. Puis il se recoucha **satisfait** et se remit à ronfler.

Sans perdre un instant, les frères en profitèrent pour s'enfuir…

**il troqua =** ☐ il échangea ☐ il croqua

il : ..............................

les petits : ..............................

Il : ..............................

**à tâtons =**
☐ dans le noir sans voir
☐ rapidement

Il : ..............................

il : ..............................

il : ..............................

**satisfait =** ☐ triste ☐ content

Nom : ........................................ Date : ........................

**Fiche 6A**

# Le Petit Poucet - Épisode 6

| | | | | | | | | | |
|---|---|---|---|---|---|---|---|---|---|
| O | Paroles du Petit Poucet | V | Paroles de l'Ogre | M | Paroles de la femme de l'Ogre | R | Paroles des 6 frères | Vio | Paroles des 7 frères |

Par chance, l'épouse avait cuisiné un repas très **copieux** et **persuada** son mari de garder les enfants jusqu'au lendemain…

Elle alla les coucher. Dans la chambre il y avait deux grands lits et **dans l'un d'eux** dormaient déjà les sept filles de l'Ogre. Chacune avait une couronne d'or sur la tête. Les frères prirent place dans l'autre lit.

Une fois tout le monde endormi, le Petit Poucet réfléchit : « **Méfiance**, méfiance… Et si j'échangeais les couronnes des filles contre nos bonnets de garçons ? »

(j)

l'épouse de : ........................

**copieux =** ☐ gros et bon ☐ petit et mauvais

**elle persuada =** ☐ elle se moqua ☐ elle insista

Elle : ........................

les : ........................

**dans l'un d'eux =** dans l'un des lits

Chacune : ........................

tout le monde : ........................
........................
........................

**Méfiance =** ☐ dormons / ☐ attention

j' : ........................

Nom : ..........................................  Date : ..........................

Fiche 6A

# Le Petit Poucet - Épisode 6

Sans bruit, le Petit Poucet **troqua** couronnes et bonnets, et il fit bien !

Car dans la nuit, l'Ogre se réveilla et regretta de n'avoir pas encore tué les petits. Il marcha **à tâtons** vers le lit des garçons et fut étonné d'y sentir des couronnes.

Il alla donc vers l'autre lit, reconnut les bonnets et là, sans le savoir, il tua ses sept filles. Puis il se recoucha **satisfait** et se remit à ronfler.

Sans perdre un instant, les frères en profitèrent pour s'enfuir…

**il troqua =** ☐ il échangea ☐ il croqua

il : ..............................

les petits : ..............................

Il : ..............................

**à tâtons =**

☐ dans le noir sans voir

☐ rapidement

Il : ..............................

il : ..............................

il : ..............................

**satisfait =** ☐ triste ☐ content

Nom : ..........................................................  Date : ..............................  **Fiche 6B**

Guide de réussite :

| APPRENDRE | FAIRE | Élève | PE |
|---|---|---|---|
| Comprendre un texte. | Répondre aux questions. | | |
| Écrire des textes. | Formuler des phrases réponses correctes. | | |
| Exercer une vigilance orthographique et mobiliser les acquisitions travaillées. | Copier les mots utiles du texte sans erreur. | | |
| | Écouter les sons des syllabes pour écrire les mots et les espacer correctement. | | |
| | Ponctuer les phrases. | | |
| | Réaliser les accords appris en classe. | | |

# Le Petit Poucet - Épisode 6

## 1 Qu'a fait le Petit Poucet pendant la nuit ?

## 2 À la ligne 18, pourquoi a-t-il bien fait de faire ça ?

*Le Petit Poucet a bien fait de faire ça parce que*

## 3 À ton avis, que va faire l'Ogre dans le prochain texte ?

Nom : ..............................................................  Date : ..............................

**Fiche 7A** *

# Le Petit Poucet - Épisode 7

| | | | | | | | |
|---|---|---|---|---|---|---|---|
| O | Paroles du Petit Poucet | V | Paroles de l'Ogre | R | Paroles des 6 frères | Vio | Paroles des 7 frères |

Le lendemain matin au réveil, l'Ogre s'aperçut de sa terrible **méprise** !

La colère lui monta au nez. Il **chaussa** aussitôt ses bottes de sept lieues et partit à la recherche des enfants. Il **sillonna** tout le pays à grands pas de géant.

De leur côté, les frères avaient marché de longues heures et reconnaissaient à présent le chemin. Mais soudain...

— Attention, le voilà ! **alerta** le Petit Poucet. Cachons-nous vite **au creux** de ce rocher !

**méprise** = ☐ nuit / ☐ erreur

lui : ..............................................

Il : ..............................................

**Il chaussa** = ☐ il fabriqua
☐ il enfila

des enfants : ..............................................

Il : ..............................................

**Il sillonna** = ☐ il attrapa
☐ il voyagea

le : ..............................................

**alerta** = ☐ cria / ☐ chanta

nous : ..............................................

**au creux** = ☐ dans un arbre
☐ dans un trou

Nom : ........................................ Date : ....................

**Fiche 7A***

# Le Petit Poucet - Épisode 7

| | | | |
|---|---|---|---|
| O — Paroles du Petit Poucet | V — Paroles de l'Ogre | R — Paroles des 6 frères | Vio — Paroles des 7 frères |

Comme par hasard, l'Ogre vint se poser juste au-dessus d'eux. Mais par bonheur, il se mit bientôt à ronfler.

— Ouf ! chuchota alors le garçonnet à ses frères. Profitez-en pour **filer** à la maison…

Il les regarda partir. Puis tout doucement, il tira les bottes de l'Ogre et les enfila. Il fut **stupéfait** ! D'un coup, elles prirent la taille de ses pieds et grâce à elles, il s'éloigna à pas de géant.

eux : ........................................

il : ........................................

**filer =**
☐ courir vite / ☐ cuisiner

Il : ........................................

les : ........................................

il : ........................................

les : ........................................

Il : ........................................

**stupéfait =**
☐ stoppé / ☐ étonné

elles : ........................................

elles : ........................................

il : ........................................

Nom : ............................................ Date : ..............................

**Fiche 7A**

# Le Petit Poucet - Épisode 7

| O | Paroles du Petit Poucet | V | Paroles de l'Ogre | R | Paroles des 6 frères | Vio | Paroles des 7 frères |
|---|---|---|---|---|---|---|---|

Le lendemain matin au réveil, l'Ogre s'aperçut de sa terrible **méprise** !

La colère lui monta au nez. Il **chaussa** aussitôt ses bottes de sept lieues et partit à la recherche des enfants. Il **sillonna** tout le pays à grands pas de géant.

De leur côté, les frères avaient marché de longues heures et reconnaissaient à présent le chemin. Mais soudain…

— Attention, le voilà ! **alerta** le Petit Poucet. Cachons-nous vite **au creux** de ce rocher !

**méprise** = ☐ nuit / ☐ erreur

lui : ..............................

Il : ..............................

**Il chaussa** = ☐ il fabriqua
☐ il enfila

des enfants : ..............................

Il : ..............................

**Il sillonna** = ☐ il attrapa
☐ il voyagea

le : ..............................

**alerta** = ☐ cria / ☐ chanta

nous : ..............................

**au creux** = ☐ dans un arbre
☐ dans un trou

Nom : ..................................................................... Date : ......................................

**Fiche 7A**

# Le Petit Poucet - Épisode 7

O Paroles du Petit Poucet — V Paroles de l'Ogre — R Paroles des 6 frères — Vio Paroles des 7 frères

Comme par hasard, l'Ogre vint se poser juste au-dessus d'eux. Mais par bonheur, il se mit bientôt à ronfler.

— Ouf ! chuchota alors le garçonnet à ses frères. Profitez-en pour **filer** à la maison…

Il les regarda partir. Puis tout doucement, il tira les bottes de l'Ogre et les enfila. Il fut **stupéfait** ! D'un coup, elles prirent la taille de ses pieds et grâce à elles, il s'éloigna à pas de géant.

eux : ..........................................

il : ..........................................

**filer =**
☐ courir vite / ☐ cuisiner

Il : ..........................................

les : ..........................................

il : ..........................................

les : ..........................................

Il : ..........................................

**stupéfait =**
☐ stoppé / ☐ étonné

elles : ..........................................

elles : ..........................................

il : ..........................................

Nom : ........................................ Date : ........................

Fiche 7B

Guide de réussite :

| APPRENDRE | FAIRE | Élève | PE |
|---|---|---|---|
| Comprendre un texte. | Répondre aux questions. | | |
| Écrire des textes. | Formuler des phrases réponses correctes. | | |
| Exercer une vigilance orthographique. | Copier les mots utiles du texte sans erreur. | | |

## Le Petit Poucet - Épisode 7

**1 À la ligne 2, quelle terrible erreur a faite l'Ogre ?**

L'Ogre a

**2 Que ressent le Petit Poucet quand il alerte ses frères, à la ligne 13 ?**

**3 À la ligne 24, pourquoi le Petit Poucet est-il stupéfait ?**

Le Petit Poucet est stupéfait car

Nom : ..................................................... Date : ..............................

**Évaluation 8A***

# Le Petit Poucet - Épisode 8

O Paroles du Petit Poucet — V Paroles de l'Ogre — G Paroles du roi

Le Petit Poucet eut tout d'abord l'idée de retourner chez l'Ogre. Il avait un plan pour lui voler sa **fortune.** Mais il réfléchit et **se ravisa :** « Non, je ne peux pas faire ça, sa femme a été si gentille ! Et puis j'ai déjà les bottes… »

En chemin, il apprit que le roi du pays était **fort** ennuyé. Le souverain avait envoyé son armée **guerroyer** et n'avait plus de nouvelles depuis longtemps.

Le garçonnet courut le trouver :

— **Sire**, lui dit-il, soyez tranquille. Je vous promets que dès ce soir, avant la nuit tombée, vous saurez tout sur vos soldats !

Il : ..............................

lui : ..............................

**sa fortune =** ☐ sa force ☐ son argent

il : ..............................

**il se ravisa =** ☐ il est content ☐ il changea d'idée

je : ..............................

j' : ..............................

il : ..............................

**fort =** ☐ musclé / ☐ très

Le souverain : ..............................

**guerroyer =** ☐ faire la guerre ☐ arrêter

Le garçonnet : ..............................

le : ..............................

**Sire =** ☐ Roi / ☐ Monsieur

lui : ..............................

il : ..............................

Je : ..............................

vous : ..............................

Nom : ..............................................  Date : ..............................

**Évaluation 8A***

## Le Petit Poucet - Épisode 8

☐ O Paroles du Petit Poucet  ☐ G Paroles du roi

Il partit immédiatement et grâce à ses bottes de sept lieues, il réussit **à tenir sa parole**. Le roi fut très impressionné.

– Qui aurait pu penser qu'un si petit garçon fût capable de rendre un aussi grand service ? s'écria-t-il admiratif.

Et pour le récompenser, il le **couvrit d'or**… Le Petit Poucet devint ainsi le messager du roi et fit de l'excellent travail. Il gagna beaucoup d'argent et sa famille ne manqua plus jamais de rien !

Il : ..............................................

**tenir sa parole =**
- ☐ tenir sa main
- ☐ tenir sa promesse

il : ..............................................

le : ..............................................

il : ..............................................

**il couvrit d'or =**
- ☐ il fait couler de l'or
- ☐ il donne de l'argent

Il : ..............................................

Nom : ..................................................... Date : ..............................

**Évaluation 8A**

# Le Petit Poucet - Épisode 8

O Paroles du Petit Poucet — V Paroles de l'Ogre — G Paroles du roi

Le Petit Poucet eut tout d'abord l'idée de retourner chez l'Ogre. Il avait un plan pour lui voler sa **fortune.** Mais il réfléchit et **se ravisa :** « Non, je ne peux pas faire ça, sa femme a été si gentille ! Et puis j'ai déjà les bottes… »

En chemin, il apprit que le roi du pays était **fort** ennuyé. Le souverain avait envoyé son armée **guerroyer** et n'avait plus de nouvelles depuis longtemps.

Le garçonnet courut le trouver :

— **Sire**, lui dit-il, soyez tranquille. Je vous promets que dès ce soir, avant la nuit tombée, vous saurez tout sur vos soldats !

Il : ..............................

lui : ..............................

**sa fortune** = ☐ sa force ☐ son argent

il : ..............................

**il se ravisa** = ☐ il est content ☐ il changea d'idée (j)

je : ..............................

j' : ..............................

il : ..............................

**fort** = ☐ musclé / ☐ très

Le souverain : ..............................

**guerroyer** = ☐ faire la guerre ☐ arrêter

Le garçonnet : ..............................

le : ..............................

**Sire** = ☐ Roi / ☐ Monsieur

lui : ..............................

il : ..............................

Je : ..............................

vous : ..............................

Nom : ..................................................... Date : ..............................

Évaluation 8A

# Le Petit Poucet - Épisode 8

O Paroles du Petit Poucet    G Paroles du roi

Il partit immédiatement et grâce à ses bottes de sept lieues, il réussit **à tenir sa parole**.
Le roi fut très impressionné.
– Qui aurait pu penser qu'un si petit garçon fût capable de rendre un aussi grand service ? s'écria-t-il admiratif.
Et pour le récompenser, il le **couvrit d'or**... Le Petit Poucet devint ainsi le messager du roi et fit de l'excellent travail. Il gagna beaucoup d'argent et sa famille ne manqua plus jamais de rien !

Il : ..........................................

**tenir sa parole =**
- ☐ tenir sa main
- ☐ tenir sa promesse

il : ..........................................

le : ..........................................

il : ..........................................

**il couvrit d'or =**
- ☐ il fait couler de l'or
- ☐ il donne de l'argent

Il : ..........................................

Nom : ..................................................... Date : ...............................

**Évaluation 8B**

Guide de réussite :

| APPRENDRE | FAIRE | Élève | PE |
|---|---|---|---|
| Comprendre un texte. | Répondre aux questions. | | |
| Écrire des textes. | Formuler des phrases réponses correctes. | | |
| Exercer une vigilance orthographique. | Copier les mots utiles du texte sans erreur. | | |

## Le Petit Poucet - Épisode 8

**1 À la ligne 5, pourquoi le Petit Poucet ne veut-il plus voler la fortune de l'Ogre ?**

*Le Petit Poucet ne veut plus voler la fortune de l'Ogre car*

**2 Pourquoi le Petit Poucet réussit-il à aller chercher rapidement des nouvelles des soldats ?**

*Le Petit Poucet réussit à aller chercher rapidement des nouvelles des soldats car*

**3 À la ligne 25, pourquoi le roi admire-t-il le Petit Poucet ?**

Nom : ..................................................... Date : ................................

**Évaluation sur le lexique**

# Le Petit Poucet

Guide de réussite :

| ÉVALUER | FAIRE | Élève | PE |
|---|---|---|---|
| Étendre ses connaissances lexicales. | Compléter les phrases avec une proposition de la liste, pour que chaque phrase ait du sens. | | |
| Copier de manière experte. | Copier sans erreur. | | |

*affolée - à l'aube - alerter - à tâtons - chausse - fond en larmes - a protesté - satisfaits - stupéfait - a tenu sa parole - a troqué*

**1.** Gustave a réussi son évaluation. Ses parents et lui sont .......................................... de son travail.

**2.** Le cheval de Marie est soudain parti au galop. Elle s'est .............................. .

**3.** Mathis s'est levé pendant la nuit. Il a marché .................................. pour aller aux toilettes.

**4.** Véronique a promis de ne plus oublier ses lunettes. Comme elle les a apportées, elle ....................................................... .

**5.** Ce matin, en arrivant à l'école, Rayane a vu sa maitresse déguisée : il était ................................ !

**6.** Pour partir en vacances, Cathy s'est levée très tôt. Elle voulait partir ...................................... .

**7.** Le petit chien de Katia vient de mourir. Elle ..........................................., car elle est triste.

**8.** Pour éviter d'avoir les pieds mouillés, Christophe .................................... ses bottes de pluie.

**9.** Comme Matéo est passé devant Céline dans le rang, elle ......................................... et il est repassé derrière elle.

**10.** Pour avoir dix billes argentées, Louise ....................................... deux billes bleues contre deux billes argentées avec Lana.

Nom : ........................................ Date : ..................



# Le Petit Poucet

Guide de réussite :

| ÉVALUER | FAIRE | Élève | PE |
|---|---|---|---|
| Identifier les personnages d'une histoire et leurs désignations. | Recopier sur les pointillés les noms des personnages désignés par les mots soulignés. | | |
| Copier de manière experte. | Copier sans erreur. | | |

le Petit Poucet – les 6 frères – les 7 frères – les oiseaux –
le bucheron – la bucheronne – le messager – l'Ogre –
la femme de l'Ogre – le roi – les sept filles de l'Ogre

**1.** Elle ne veut pas abandonner ses 7 garçons.

→ Elle : ..............................................

**2.** Elles portent des couronnes sur leurs têtes.

→ Elles : ..............................................

**3.** Elle cache le Petit Poucet et ses frères sous un lit.

→ Elle : ..............................................

**4.** Il troque les couronnes et les bonnets.

→ Il : ..............................................

**5.** Il donne de l'argent au Petit Poucet pour le récompenser pour son travail.

→ Il : ..............................

→ le : ..............................................

**6.** Ils ont mangé les petits morceaux de pain.

→ Ils : ..............................................

**7.** Le Petit Poucet lui vole ses bottes.

→ lui : ..............................

**8.** Le Petit Poucet les rassure car il sait comment rentrer.

→ les : ..............................................

→ il : ..............................................

Nom : ..................................................... Date : ...............................

**Fiche 1A***

# Ali Baba et les 40 voleurs – Épisode 1

O Paroles d'Ali Baba Ro Paroles de la femme d'Ali Baba J Paroles des cavaliers

Il y avait une fois, dans une petite ville d'**Orient**, un pauvre bucheron qui s'appelait Ali Baba. Il vivait avec sa femme et leurs enfants, et il gagnait **péniblement** sa vie en vendant le bois qu'il coupait.

Un jour, alors qu'il travaillait dans la forêt avec ses ânes, il aperçut au loin un épais nuage de poussière. Puis il entendit un gros bruit de chevaux qui s'approchaient.

Ali Baba fut étonné et se dit :

« **Ma parole !** C'est qu'ils ont l'air terriblement nombreux ! »

**L'Orient est une région qui se situe en Iran et tout autour.**

Il : ..............................

il : ..............................

**péniblement =**

☐ très bien / ☐ difficilement

il : ..............................

il : ..............................

il : ..............................

**Ma parole ! =**

☐ Je te parle !

☐ Ça alors, c'est incroyable !

ils = ..............................

Nom : ..................................................................... Date : ..................................

Fiche 1A*

# Ali Baba et les 40 voleurs – Épisode 1

Aussitôt, Ali Baba **dispersa** les ânes. Vite, vite, il grimpa dans un arbre pour se cacher et observer. Les cavaliers arrivèrent et s'arrêtèrent juste en dessous de lui. Ali les compta… ils étaient quarante. Et ils avaient tous de gros sacs bien remplis. Bien remplis ? Oui. Mais de quoi donc ?

**il dispersa** = ☐ il éloigna
☐ il rassembla

il : ..................................................

lui : ..................................................

les : ..................................................

ils : ..................................................

ils : ..................................................

Nom : ..........................................  Date : ..........................

Fiche 1A

# Ali Baba et les 40 voleurs – Épisode 1

O Paroles d'Ali Baba  Ro Paroles de la femme d'Ali Baba  J Paroles des cavaliers

Il y avait une fois, dans une petite ville d'**Orient**, un pauvre bucheron qui s'appelait Ali Baba. Il vivait avec sa femme et leurs enfants, et il gagnait **péniblement** sa vie en vendant le bois qu'il coupait.

Un jour, alors qu'il travaillait dans la forêt avec ses ânes, il aperçut au loin un épais nuage de poussière. Puis il entendit un gros bruit de chevaux qui s'approchaient.

Ali Baba fut étonné et se dit :

« **Ma parole !** C'est qu'ils ont l'air terriblement nombreux ! »

**L'Orient est une région qui se situe en Iran et tout autour.**

Il : ..........................................

il : ..........................................

**péniblement =**
☐ très bien / ☐ difficilement

il : ..........................................

il : ..........................................

il : ..........................................

**Ma parole ! =**
☐ Je te parle !
☐ Ça alors, c'est incroyable !

ils = ..........................................

Nom : ..............................................  Date : ..............................

**Fiche 1A**

# Ali Baba et les 40 voleurs – Épisode 1

Aussitôt, Ali Baba **dispersa** les ânes. Vite, vite, il grimpa dans un arbre pour se cacher et observer. Les cavaliers arrivèrent et s'arrêtèrent juste en dessous de lui. Ali les compta… ils étaient quarante. Et ils avaient tous de gros sacs bien remplis. Bien remplis ? Oui. Mais de quoi donc ?

**il dispersa** = ☐ il éloigna
☐ il rassembla

il : ..............................................

lui : ..............................................

les : ..............................................

ils : ..............................................

ils : ..............................................

Nom : ..................................................... Date : ..............................

**Fiche 1B**

Guide de réussite :

| APPRENDRE | FAIRE | Élève | PE |
|---|---|---|---|
| Comprendre un texte. | Répondre aux questions. | | |
| Écrire des textes. | Formuler des phrases réponses correctes. | | |
| Exercer une vigilance orthographique et mobiliser les acquisitions travaillées. | Copier les mots utiles du texte sans erreur. | | |
| | Écouter les sons des syllabes pour écrire les mots et les espacer correctement. | | |
| | Ponctuer les phrases. | | |
| | Réaliser les accords appris en classe. | | |

## Ali Baba et les 40 voleurs – Épisode 1

**1 Relis le début du texte jusqu'à la ligne 6 et écris le problème d'Ali Baba.**

*Ali Baba*

**2 À la ligne 12, par quoi Ali Baba est-il étonné ?**

*Ali Baba est étonné*

**3 À ton avis, de quoi sont remplis les sacs des cavaliers ?**

*À mon avis, les sacs*

Nom : ............................ Date : ............................

**Fiche 2A***

# Ali Baba et les 40 voleurs – Épisode 2

O Paroles d'Ali Baba — J Paroles des cavaliers — V Paroles du chef

Les hommes descendirent de **leur monture**. L'un d'eux, apparemment le chef, écarta **des broussailles** et s'approcha d'un gros rocher. Il dit alors :

— **Sésame**, ouvre-toi !

À ces mots, le rocher se mit à rouler de côté, ouvrant ainsi **l'accès** à une grotte. Ali Baba croyait rêver. Toute **la troupe** disparut à l'intérieur avec les sacs et la roche reprit sa place.

**leur monture =**
☐ leur cheval / ☐ leurs lunettes

eux : ............................

**des broussailles =**
☐ des insectes / ☐ des buissons

Il : ............................

graines de **sésame** :

**l'accès =** ☐ l'entrée
☐ l'accident

**la troupe =**
☐ le groupe des ânes
☐ le groupe des cavaliers

Nom : ..................................................... Date : ........................ **Fiche 2A***

## Ali Baba et les 40 voleurs – Épisode 2

| O | Paroles d'Ali Baba | J | Paroles des cavaliers | V | Paroles du chef |

Au bout d'un moment, la grotte se rouvrit et les hommes ressortirent tous les mains vides. Enfin le chef de la bande fit :

— Sésame, ferme-toi !

Et le rocher referma la caverne. Les cavaliers remontèrent à cheval et s'en allèrent.

« Ces gens-là m'ont tout l'air d'être **des brigands** ! pensa Ali Baba. Il faut absolument que je voie ce qu'ils cachent dans cet endroit ! »

Une fois seul, il descendit de son arbre et se dirigea vers le rocher.

Ces gens-là : ..............................

**des brigands =**
☐ des princes / ☐ des voleurs

je : ..............................

ils : ..............................

il : ..............................

Nom : ..............................  Date : ..............................

**Fiche 2A**

# Ali Baba et les 40 voleurs – Épisode 2

O Paroles d'Ali Baba — J Paroles des cavaliers — V Paroles du chef

Les hommes descendirent de **leur monture**. L'un d'eux, apparemment le chef, écarta **des broussailles** et s'approcha d'un gros rocher.

Il dit alors :

— **Sésame**, ouvre-toi !

À ces mots, le rocher se mit à rouler de côté, ouvrant ainsi **l'accès** à une grotte. Ali Baba croyait rêver. Toute **la troupe** disparut à l'intérieur avec les sacs et la roche reprit sa place.

**leur monture =**
☐ leur cheval / ☐ leurs lunettes

eux : ..............................

**des broussailles =**
☐ des insectes / ☐ des buissons

Il : ..............................

graines de **sésame** :

**l'accès =** ☐ l'entrée
☐ l'accident

**la troupe =**
☐ le groupe des ânes
☐ le groupe des cavaliers

Nom : ..................................................................... Date : ...........................................

Fiche 2A

# Ali Baba et les 40 voleurs – Épisode 2

☐ Paroles d'Ali Baba ☐ Paroles des cavaliers ☐ Paroles du chef

Au bout d'un moment, la grotte se rouvrit et les hommes ressortirent tous les mains vides. Enfin le chef de la bande fit :

— Sésame, ferme-toi !

Et le rocher referma la caverne. Les cavaliers remontèrent à cheval et s'en allèrent.

« Ces gens-là m'ont tout l'air d'être **des brigands** ! pensa Ali Baba. Il faut absolument que je voie ce qu'ils cachent dans cet endroit ! »

Une fois seul, il descendit de son arbre et se dirigea vers le rocher.

Ces gens-là : ........................................

**des brigands =**
☐ des princes / ☐ des voleurs

je : ........................................

ils : ........................................

il : ........................................

Nom : ............................................ Date : ............................

Fiche 2B**

Guide de réussite :

| APPRENDRE | FAIRE | Élève | PE |
|---|---|---|---|
| Comprendre un texte. | Répondre aux questions. | | |
| Écrire des textes. | Formuler des phrases réponses correctes. | | |
| Exercer une vigilance orthographique et mobiliser les acquisitions travaillées. | Copier les mots utiles du texte sans erreur. | | |
| | Écouter les sons des syllabes pour écrire les mots et les espacer correctement. | | |
| | Ponctuer les phrases. | | |
| | Réaliser les accords appris en classe. | | |

# Ali Baba et les 40 voleurs – Épisode 2

## 1 À la ligne 9, pourquoi Ali Baba croit-il rêver ?

*Ali Baba croit rêver car*

## 2 Qu'ont fait les cavaliers dans la grotte ?

*Dans la grotte, les cavaliers*

## 3 À ton avis, que va faire Ali Baba dans l'épisode 3 ?

*À mon avis, Ali Baba va*

Nom : ........................................ Date : ........................

Fiche 3A*

# Ali Baba et les 40 voleurs – Épisode 3

O Paroles d'Ali Baba    V Paroles du chef

Ali Baba **tenta sa chance** :

— Sésame, ouvre-toi !

Aussitôt, le rocher se déplaça, le laissant pénétrer dans la caverne. L'entrée se referma derrière lui.

Ce qu'il vit alors était extraordinaire ! Partout des sacs de pièces d'or, des tas de bijoux, des pierres précieuses **étincelantes**, des tapis magnifiques et mille autres **fabuleux** trésors !

Ali emporta tout ce qu'il put. Puis grâce à la formule, la grotte se referma et il s'en alla.

**il tenta sa chance =**
- ☐ il joua au loto
- ☐ il essaya

le : ........................................

lui : ........................................

il : ........................................

**étincelantes =** ☐ allumées ☐ brillantes

**fabuleux =** ☐ merveilleux ☐ invisibles

il : ........................................

il : ........................................

Nom : ..................................................... Date : .................................

**Fiche 3A***

# Ali Baba et les 40 voleurs – Épisode 3

O Paroles d'Ali Baba    Ro Paroles de la femme

Quand Ali Baba rentra chez lui, sa femme fut impressionnée devant tant de richesses.

— On ne pourra jamais compter toutes ces pièces d'or une par une ! s'écria-t-elle. Je cours chercher **un pot à mesurer** chez ton frère Kassim.

Curieuse de savoir ce que la femme d'Ali Baba voulait mesurer, la femme de Kassim prit soin de mettre un peu de **suif** sous le pot… Et lorsqu'elle le récupéra, elle eut la grande surprise de découvrir une pièce d'or collée dessous !

lui : ..........................................

On : ..........................................

elle : ..........................................

Je : ..........................................

**un pot à mesurer =** 

Kassim est le frère de qui ? : ..........................................

Qui est curieuse ? ..........................................

**le suif = graisse animale**

elle : ..........................................

le : ..........................................

elle : ..........................................

..........................................

..........................................

..........................................

Nom : ..........................................................  Date : ..............................

**Fiche 3A**

# Ali Baba et les 40 voleurs – Épisode 3

O Paroles d'Ali Baba    V Paroles du chef

Ali Baba **tenta sa chance** :

— Sésame, ouvre-toi !

Aussitôt, le rocher se déplaça, le laissant pénétrer dans la caverne. L'entrée se referma derrière lui.

Ce qu'il vit alors était extraordinaire ! Partout des sacs de pièces d'or, des tas de bijoux, des pierres précieuses **étincelantes**, des tapis magnifiques et mille autres **fabuleux** trésors !

Ali emporta tout ce qu'il put. Puis grâce à la formule, la grotte se referma et il s'en alla.

**il tenta sa chance =**
- ☐ il joua au loto
- ☐ il essaya

le : ..........................................

lui : ..........................................

il : ..........................................

**étincelantes =** ☐ allumées ☐ brillantes

**fabuleux =** ☐ merveilleux ☐ invisibles

il : ..........................................

il : ..........................................

Nom : ..................................................................... Date : ..............................

Fiche 3A

## Ali Baba et les 40 voleurs – Épisode 3

O Paroles d'Ali Baba Ro Paroles de la femme

Quand Ali Baba rentra chez lui, sa femme fut impressionnée devant tant de richesses.

— On ne pourra jamais compter toutes ces pièces d'or une par une ! s'écria-t-elle. Je cours chercher **un pot à mesurer** chez ton frère Kassim.

Curieuse de savoir ce que la femme d'Ali Baba voulait mesurer, la femme de Kassim prit soin de mettre un peu de **suif** sous le pot… Et lorsqu'elle le récupéra, elle eut la grande surprise de découvrir une pièce d'or collée dessous !

lui : ..............................................

On : ..............................................

elle : ..............................................

Je : ..............................................

**un pot à mesurer =** 

Kassim est le frère de qui ? :

..............................................

Qui est curieuse ? ..............................................

..............................................

**le suif = graisse animale**

elle : ..............................................

le : ..............................................

elle : ..............................................

Nom : ........................................ Date : ........................

**Fiche 3B**

Guide de réussite :

| APPRENDRE | FAIRE | Élève | PE |
|---|---|---|---|
| Comprendre un texte. | Répondre aux questions. | | |
| Écrire des textes. | Formuler des phrases réponses correctes. | | |
| Exercer une vigilance orthographique et mobiliser les acquisitions travaillées. | Copier les mots utiles du texte sans erreur. | | |
| | Écouter les sons des syllabes pour écrire les mots et les espacer correctement. | | |
| | Ponctuer les phrases. | | |
| | Réaliser les accords appris en classe. | | |

## Ali Baba et les 40 voleurs – Épisode 3

**1 Que fait la femme d'Ali Baba près du rideau de la maison ?**

**2 À quoi doit servir le pot à mesurer ?**

*Le pot à mesurer doit servir*

**3 Écris dans la bulle ce que la femme de Kassim dit à son mari après avoir découvert la pièce d'or collée sous le pot à mesurer.**

Nom : ..................................................... Date : ..........................

Fiche 4A*

# Ali Baba et les 40 voleurs – Épisode 4

O Paroles d'Ali Baba    B Paroles de Kassim

C'est ainsi que Kassim apprit que son frère Ali Baba avait trouvé de l'or. Il se précipita chez lui car il voulait tout savoir. Et Ali, qui était bon, lui raconta tout. Aussitôt, Kassim **fila** à la grotte avec des ânes.

— Sésame, ouvre-toi ! lança-t-il.

Le rocher s'écarta, l'homme entra dans la caverne qui se referma ensuite. Lui aussi fut **stupéfait** de voir toutes les merveilles qui s'y trouvaient. Il était tout excité et courait de l'une à l'autre **sans savoir où donner de la tête.**

Il : ..........................................

lui : ..........................................

il : ..........................................

lui : ..........................................

**fila =** ☐ fabriqua du fil
☐ courut

il : ..........................................

l'homme : ..........................................

Lui : ..........................................

**stupéfait =** ☐ étonné
☐ jaloux

y : ..........................................

Il : ..........................................

l'une à l'autre quoi ? ..........................................

**sans savoir où donner de la tête =** ☐ il regarde vite
☐ il prend le temps d'observer

Nom : ........................................ Date : ..............................

Fiche 4A*

# Ali Baba et les 40 voleurs – Épisode 4

O Paroles d'Ali Baba B Paroles de Kassim

« Il faut que j'en prenne un maximum ! » pensa-t-il.

Kassim remplit tous ses sacs **à ras bord**, puis il dit :

— **Orge**, ouvre-toi !

Bien entendu, rien ne bougea. Kassim essaya une autre formule, puis une autre encore… Et plus il cherchait, plus il paniquait et plus son esprit s'embrouillait.

Au bout d'un moment, les voleurs revinrent. Ils furent tellement **mécontents** de le trouver là que sans hésiter, ils le tuèrent et le laissèrent sur place.

j' : ..............................

il : ..............................

**à ras bord =** ☐ un petit peu ☐ jusqu'en haut

**Graines d'orge :** 

une autre quoi ? ..............................

il : ..............................

Ils : ..............................

**mécontents =** ☐ fâchés ☐ heureux

le : ..............................

ils : ..............................

le : ..............................

Nom : ........................................ Date : ....................

Fiche 4A

# Ali Baba et les 40 voleurs – Épisode 4

O Paroles d'Ali Baba    B Paroles de Kassim

C'est ainsi que Kassim apprit que son frère Ali Baba avait trouvé de l'or. Il se précipita chez lui car il voulait tout savoir. Et Ali, qui était bon, lui raconta tout. Aussitôt, Kassim **fila** à la grotte avec des ânes.

— Sésame, ouvre-toi ! lança-t-il.

Le rocher s'écarta, l'homme entra dans la caverne qui se referma ensuite. Lui aussi fut **stupéfait** de voir toutes les merveilles qui s'y trouvaient. Il était tout excité et courait de l'une à l'autre **sans savoir où donner de la tête.**

Il : ....................

lui : ....................

il : ....................

lui : ....................

**fila =** ....................

il : ....................

l'homme : ....................

Lui : ....................

**stupéfait =** ☐ étonné ☐ jaloux

y : ....................

Il : ....................

l'une à l'autre quoi ? ....................

**sans savoir où donner de la tête =** ☐ il regarde vite ☐ il prend le temps d'observer

Nom : ..............................................................   Date : ..............................

Fiche 4A

## Ali Baba et les 40 voleurs – Épisode 4

O Paroles d'Ali Baba   B Paroles de Kassim

« Il faut que j'en prenne un maximum ! » pensa-t-il.

Kassim remplit tous ses sacs **à ras bord**, puis il dit :

— **Orge**, ouvre-toi !

Bien entendu, rien ne bougea. Kassim essaya une autre formule, puis une autre encore... Et plus il cherchait, plus il paniquait et plus son esprit s'embrouillait.

Au bout d'un moment, les voleurs revinrent. Ils furent tellement **mécontents** de le trouver là que sans hésiter, ils le tuèrent et le laissèrent sur place.

j' : ..............................................

il : ..............................................

**à ras bord =** ☐ un petit peu ☐ jusqu'en haut

**Graines d'orge :**

une autre quoi ? ..............................

il : ..............................................

Ils : ..............................................

**mécontents =** ..............................

le : ..............................................

ils : ..............................................

le : ..............................................

Nom : .................................................... Date : ....................................

**Fiche 4B**

Guide de réussite :

| APPRENDRE | FAIRE | Élève | PE |
|---|---|---|---|
| Comprendre un texte. | Répondre aux questions. | | |
| Écrire des textes. | Formuler des phrases réponses correctes. | | |
| Exercer une vigilance orthographique et mobiliser les acquisitions travaillées. | Copier les mots utiles du texte sans erreur. | | |
| | Écouter les sons des syllabes pour écrire les mots et les espacer correctement. | | |
| | Ponctuer les phrases. | | |
| | Réaliser les accords appris en classe. | | |

## Ali Baba et les 40 voleurs – Épisode 4

**1 Quel indice a permis à Kassim de savoir qu'Ali Baba avait trouvé de l'or ?**

Kassim a su qu'Ali Baba avait trouvé de l'or car

**2 À la ligne 20, pourquoi le rocher ne bouge-t-il pas ?**

Le rocher ne bouge pas car

**3 À la ligne 27, pourquoi les voleurs sont-ils mécontents ?**

Nom : ......................................................... Date : ..................................

Fiche 5A*

# Ali Baba et les 40 voleurs – Épisode 5

O Paroles d'Ali Baba — Vio Paroles de la femme — M Paroles de la femme de Kassim

À la nuit tombée, inquiète de ne pas voir revenir Kassim, sa femme courut prévenir Ali Baba. Celui-ci retourna à la grotte et trouva le corps sans vie de son frère. Il le ramena **discrètement** chez sa belle-sœur et demanda à la fidèle esclave de la maison :

— Morgiane, toi qui es **débrouillarde**, arrange-toi pour que personne ne sache que ton maitre a été assassiné. Les gens ne doivent pas savoir que la grotte existe.

Dès le lendemain matin, elle alla raconter en ville que Kassim était tombé très gravement malade.

De cette façon, la famille annonça sa mort le jour suivant.

la femme de ..............................

Celui-ci : ..............................

Il : ..............................

le : ..............................

**discrètement** = ☐ en hurlant ☐ sans faire de bruit

sa belle-sœur = la femme de Kassim

toi = ..............................

**débrouillarde** = ☐ intelligente / ☐ bête

ton maitre : ..............................

elle : ..............................

la mort de ..............................

Nom : ..........................................................................  Date : ......................................

**Fiche 5A***

# Ali Baba et les 40 voleurs – Épisode 5

☐ J Paroles des cavaliers     ☐ V Paroles du chef

Et il fut enterré sans que personne se doutât de rien. Quelques jours plus tard, Ali Baba s'installa dans la riche maison de son frère.

Pendant ce temps, les voleurs retournèrent à la caverne. Et là évidemment, ils **constatèrent** que le corps de Kassim avait disparu.

— Cela veut dire que quelqu'un d'autre connait notre secret ! **pesta** le chef. Il faut absolument le trouver et **l'éliminer** !

il : ..........................................

son frère : ..........................................

ils : ..........................................

**ils constatèrent =**
☐ ils ont vu
☐ ils furent tristes

**il pesta =** ☐ il est content
☐ il est fâché

le : ..........................................

**l'éliminer =** ☐ le féliciter
☐ le tuer

Nom : .................................................... Date : ..............................

**Fiche 5A** **

# Ali Baba et les 40 voleurs – Épisode 5

O Paroles d'Ali Baba | Vio Paroles de la femme | M Paroles de la femme de Kassim

À la nuit tombée, inquiète de ne pas voir revenir Kassim, sa femme courut prévenir Ali Baba. Celui-ci retourna à la grotte et trouva le corps sans vie de son frère. Il le ramena **discrètement** chez sa belle-sœur et demanda à la fidèle esclave de la maison :

— Morgiane, toi qui es **débrouillarde**, arrange-toi pour que personne ne sache que ton maitre a été assassiné. Les gens ne doivent pas savoir que la grotte existe.

Dès le lendemain matin, elle alla raconter en ville que Kassim était tombé très gravement malade.

De cette façon, la famille annonça sa mort le jour suivant.

la femme de ..............................

Celui-ci : ..............................

Il : ..............................

le : ..............................

**discrètement =** ..............................

..............................

sa belle-sœur = la femme de Kassim

toi = ..............................

**débrouillarde =**
☐ intelligente / ☐ bête

ton maitre : ..............................

elle : ..............................

la mort de ..............................

Nom : ........................................ Date : ..............................

Fiche 5A

# Ali Baba et les 40 voleurs – Épisode 5

J Paroles des cavaliers V Paroles du chef

Et il fut enterré sans que personne se doutât de rien. Quelques jours plus tard, Ali Baba s'installa dans la riche maison de son frère.

Pendant ce temps, les voleurs retournèrent à la caverne. Et là évidemment, ils **constatèrent** que le corps de Kassim avait disparu.

— Cela veut dire que quelqu'un d'autre connait notre secret ! **pesta** le chef. Il faut absolument le trouver et **l'éliminer** !

il : ........................................

son frère : ........................................

ils : ........................................

**ils constatèrent =**
- ☐ ils ont vu
- ☐ ils furent tristes

**il pesta =**
- ☐ il est content
- ☐ il est fâché

le : ........................................

**l'éliminer =**
- ☐ le féliciter
- ☐ le tuer

Nom : ........................................ Date : ........................................ **Fiche 5B** **

Guide de réussite :

| APPRENDRE | FAIRE | Élève | PE |
|---|---|---|---|
| Comprendre un texte. | Répondre aux questions. | | |
| Écrire des textes. | Formuler des phrases réponses correctes. | | |
| Exercer une vigilance orthographique et mobiliser les acquisitions travaillées. | Copier les mots utiles du texte sans erreur. | | |
| | Écouter les sons des syllabes pour écrire les mots et les espacer correctement. | | |
| | Ponctuer les phrases. | | |
| | Réaliser les accords appris en classe. | | |

## Ali Baba et les 40 voleurs – Épisode 5

**1 À la ligne 15, pourquoi Morgiane ment-elle ?**

**2 Écris ce que Morgiane pourrait dire aux gens qu'elle croise au marché.**

**3 De quel secret parle le chef à la ligne 28 ?**

Le chef parle

Nom : ..................................................... Date : ..............................

Fiche 6A*

# Ali Baba et les 40 voleurs – Épisode 6

O Paroles d'Ali Baba | Vio Paroles de Morgiane | V Paroles du chef | J Paroles des voleurs

Le capitaine des voleurs continua à parler :

— Allons discrètement nous renseigner en ville. Nous finirons bien par **dénicher** celui qui a découvert notre grotte.

Ainsi, à force de chercher, les brigands trouvèrent la maison d'Ali Baba. Le chef se déguisa alors en marchand d'huile et acheta autant de grandes **jarres** qu'il avait d'hommes, plus une.

— Cachez-vous là-dedans, leur dit-il, et surtout ne faites aucun bruit !

Il remplit le dernier pot avec de l'huile.

Nous : ..............................................
..............................................

**dénicher =** ☐ trouver
☐ voir un chien dans sa niche

les brigands = ..............................

**une jarre =** ☐ une oie
☐ un pot

il : ..............................................

une quoi ? ......................................

vous : ..........................................

leur : ..........................................

il : ..............................................

Il : ..............................................

Nom : ..........................................  Date : ..........................  **Fiche 6A***

# Ali Baba et les 40 voleurs – Épisode 6

O Paroles d'Ali Baba | Vio Paroles de Morgiane | V Paroles du chef

Alors que le soir tombait, le faux marchand se présenta chez Ali Baba avec tout son chargement.

Il lui demanda une chambre pour la nuit et **sans se méfier**, Ali accepta. Avant de se coucher, le chef alla en cachette donner **des consignes** à ses hommes :

— Vous ne devrez sortir que lorsque vous entendrez des cailloux tomber près de vous !

Pendant ce temps, Morgiane finissait son travail à la cuisine, mais sa lampe tomba en panne d'huile. Et la réserve était vide. La jeune femme décida donc d'aller en chercher dans une des jarres du marchand.

le faux marchand : ..........................................

Il : ..........................................

lui : ..........................................

**sans se méfier =**
- ☐ sans avoir peur
- ☐ sans se faire mal

**des consignes** = ☐ des ordres ☐ des gâteaux

Vous : ..........................................

La jeune femme : ..........................................

en : ..........................................

Nom : ........................................ Date : ..............................

**Fiche 6A**

# Ali Baba et les 40 voleurs – Épisode 6

☐ O Paroles d'Ali Baba ☐ Vio Paroles de Morgiane ☐ V Paroles du chef ☐ J Paroles des voleurs

Le capitaine des voleurs continua à parler :

— Allons discrètement nous renseigner en ville. Nous finirons bien par **dénicher** celui qui a découvert notre grotte.

Ainsi, à force de chercher, les brigands trouvèrent la maison d'Ali Baba. Le chef se déguisa alors en marchand d'huile et acheta autant de grandes **jarres** qu'il avait d'hommes, plus une.

— Cachez-vous là-dedans, leur dit-il, et surtout ne faites aucun bruit !

Il remplit le dernier pot avec de l'huile.

Nous : ..............................................

**dénicher =** ☐ trouver
☐ voir un chien dans sa niche

les brigands = ..............................

**une jarre =** ☐ une oie
☐ un pot

il : ..............................................

une quoi ? ..............................

vous : ..............................................

leur : ..............................................

il : ..............................................

Il : ..............................................

Nom : ..........................................................   Date : ..............................

Fiche 6A

## Ali Baba et les 40 voleurs – Épisode 6

| O | Paroles d'Ali Baba | Vio | Paroles de Morgiane | V | Paroles du chef |
|---|---|---|---|---|---|

Alors que le soir tombait, le faux marchand se présenta chez Ali Baba avec tout son chargement.

Il lui demanda une chambre pour la nuit et **sans se méfier**, Ali accepta. Avant de se coucher, le chef alla en cachette donner **des consignes** à ses hommes :

— Vous ne devrez sortir que lorsque vous entendrez des cailloux tomber près de vous !

Pendant ce temps, Morgiane finissait son travail à la cuisine, mais sa lampe tomba en panne d'huile. Et la réserve était vide. La jeune femme décida donc d'aller en chercher dans une des jarres du marchand.

le faux marchand : ..............................

..................................................

Il : ..............................

lui : ..............................

**sans se méfier =**

- ☐ sans avoir peur
- ☐ sans se faire mal

**des consignes** = ☐ des ordres ☐ des gâteaux

Vous : ..............................

La jeune femme : ..............................

en : ..............................

Nom : ..................................................................... Date : ..............................

Fiche 6B

Guide de réussite :

| APPRENDRE | FAIRE | Élève | PE |
|---|---|---|---|
| Comprendre un texte. | Répondre aux questions. | | |
| Écrire des textes. | Formuler des phrases réponses correctes. | | |
| Exercer une vigilance orthographique et mobiliser les acquisitions travaillées. | Copier les mots utiles du texte sans erreur. | | |
| | Écouter les sons des syllabes pour écrire les mots et les espacer correctement. | | |
| | Ponctuer les phrases. | | |
| | Réaliser les accords appris en classe. | | |

## Ali Baba et les 40 voleurs – Épisode 6

**1 Quel est le plan du chef et des voleurs en arrivant chez Ali Baba ?**

En arrivant chez Ali Baba, le chef et les voleurs

**2 Combien de jarres a achetées le chef des voleurs ?**

**3 À ton avis, que va-t-il se passer si Morgiane découvre qu'il y a un homme caché dans la jarre où elle va chercher de l'huile ?**

Nom : ..................................................... Date : ..............................

Fiche 7A*

# Ali Baba et les 40 voleurs – Épisode 7

| O | Paroles d'Ali Baba | Vio | Paroles de Morgiane | V | Paroles du chef | R | Paroles d'un voleur |
|---|---|---|---|---|---|---|---|

En s'approchant du premier **récipient**, Morgiane entendit une voix demander :

— Est-ce l'heure ?

Elle fut stupéfaite… mais **ne perdit pas son sang-froid.**

— Non, pas encore, répondit-elle à voix basse.

La même chose se répéta à chaque vase. La jeune femme comprit vite que des bandits **s'étaient introduits** chez son maitre.

**un récipient** = ☐ un pot ☐ un invité

Elle : ..........................................

**elle ne perdit pas son sang-froid** =

☐ elle n'eut pas peur

☐ elle ne se fâcha pas

des bandits : ..................................

**ils s'étaient introduits** =

☐ ils s'étaient trompés

☐ ils étaient entrés

son maitre : ..................................

Nom : ..................................................... Date : ..............................

**Fiche 7A***

# Ali Baba et les 40 voleurs – Épisode 7

Elle remplit sa réserve grâce à la dernière jarre et décida de faire chauffer une grosse quantité d'huile. Puis sans faire de bruit, elle alla verser ce liquide bouillant dans chaque pot pour tuer tous **ces intrus**.

Si bien que lorsque le chef lança ses cailloux comme prévu, personne ne bougea. Il s'approcha et vit que ses hommes étaient tous morts **ébouillantés**. Alors **il se sauva à toutes jambes** et pendant longtemps, on n'entendit plus parler de lui.

Ali Baba, **enchanté** des services de Morgiane, et parce qu'elle lui avait sauvé la vie, décida pour la récompenser, de la **libérer de l'esclavage**.

Elle : ..............................

elle : ..............................

ces intrus : ..............................

**ces intrus =** ☐ ces invités / ☐ ces gens qui ne devraient pas être là

Il : ..............................

**ébouillantés =** ☐ brulés ☐ noyés

**il se sauva à toutes jambes =** ☐ il s'enfuit / ☐ il tomba

lui : ..............................

**enchanté =** ☐ il chante ☐ très content

elle : ..............................

lui : ..............................

la : ..............................

**libérer de l'esclavage =**
☐ arrêter de prendre comme esclave
☐ pouvoir sortir dans la rue

Nom : ……………………………… Date : ………………

Fiche 7A

# Ali Baba et les 40 voleurs – Épisode 7

O Paroles d'Ali Baba | Vio Paroles de Morgiane | V Paroles du chef | R Paroles d'un voleur

En s'approchant du premier **récipient**, Morgiane entendit une voix demander :

— Est-ce l'heure ?

Elle fut stupéfaite… mais **ne perdit pas son sang-froid.**

— Non, pas encore, répondit-elle à voix basse.

La même chose se répéta à chaque vase. La jeune femme comprit vite que des bandits **s'étaient introduits** chez son maitre.

**un récipient =** ……………………

Elle : ……………………

**elle ne perdit pas son sang-froid =**

- ☐ elle n'eut pas peur
- ☐ elle ne se fâcha pas

des bandits : ……………………

**ils s'étaient introduits =**

- ☐ ils s'étaient trompés
- ☐ ils étaient entrés

son maitre : ……………………

Nom : ........................................ Date : ........................

**Fiche 7A**

## Ali Baba et les 40 voleurs – Épisode 7

Elle remplit sa réserve grâce à la dernière jarre et décida de faire chauffer une grosse quantité d'huile. Puis sans faire de bruit, elle alla verser ce liquide bouillant dans chaque pot pour tuer tous **ces intrus**.

Si bien que lorsque le chef lança ses cailloux comme prévu, personne ne bougea. Il s'approcha et vit que ses hommes étaient tous morts **ébouillantés**. Alors **il se sauva à toutes jambes** et pendant longtemps, on n'entendit plus parler de lui.

Ali Baba, **enchanté** des services de Morgiane, et parce qu'elle lui avait sauvé la vie, décida pour la récompenser, de la **libérer de l'esclavage**.

Elle : ........................................

elle : ........................................

ces intrus : ........................................

**ces intrus =** ☐ ces invités / ☐ ces gens qui ne devraient pas être là

Il : ........................................

**ébouillantés =** ........................................

**il se sauva à toutes jambes** = ☐ il s'enfuit / ☐ il tomba

lui : ........................................

**enchanté =** ☐ il chante
☐ très content

elle : ........................................

lui : ........................................

la : ........................................

**libérer de l'esclavage =**
☐ arrêter de prendre comme esclave
☐ pouvoir sortir dans la rue

Nom : ............................................ Date : ........................

Fiche 7B **

Guide de réussite :

| APPRENDRE | FAIRE | Élève | PE |
|---|---|---|---|
| Comprendre un texte. | Répondre aux questions. | | |
| Écrire des textes. | Formuler des phrases réponses correctes. | | |
| Exercer une vigilance orthographique et mobiliser les acquisitions travaillées. | Copier les mots utiles du texte sans erreur. | | |
| | Écouter les sons des syllabes pour écrire les mots et les espacer correctement. | | |
| | Ponctuer les phrases. | | |
| | Réaliser les accords appris en classe. | | |

## Ali Baba et les 40 voleurs – Épisode 7

**❶ Pourquoi Morgiane est-elle surprise à la ligne 5 ?**

**❷ Quels sont les deux services que Morgiane a rendus à Ali Baba dans toute l'histoire ?**

En premier, Morgiane

En deuxième, Morgiane

**❸ Qu'aurait pu faire Morgiane pour protéger Ali Baba, au lieu de tuer les bandits ?**

Morgiane aurait pu

Nom : ........................................ Date : ........................................



# Ali Baba et les 40 voleurs

Guide de réussite :

| ÉVALUER | FAIRE | Élève | PE |
|---|---|---|---|
| Étendre ses connaissances lexicales. | Compléter les phrases avec une proposition de la liste, pour que chaque phrase ait du sens. | | |
| Copier de manière experte. | Copier sans erreur. | | |

*l'accès – les broussailles – débrouillarde – discrètement – dispersées – fila – inattendue – mécontent – leur monture – pesta – à ras bord – des récipients – tente sa chance*

**1.** Charly risque de renverser l'eau de son verre car il est rempli ........................................ .

**2.** En se promenant en forêt, Gaëlle a entendu de drôles de bruits : c'est un hérisson caché dans ........................................ .

**3.** Les visiteurs ne peuvent pas entrer car une barrière bloque ........................................ .

**4.** Roxane verse la confiture encore chaude dans ........................................ .

**5.** Après avoir rapidement déposé ses enfants à l'école, le papa ........................................ vite à son travail.

**6.** – Oh non ! Le bol est cassé ! ........................................ la maman contre son fils. Va chercher l'aspirateur, s'il te plait.

**7.** Claire a oublié d'apporter ses baskets pour le cours de sport. Le professeur est ........................................ .

**8.** La voiture de Marjorie est tombée en panne. Elle va la réparer toute seule car elle est ........................................ .

**9.** À la fin de la fête de l'école, les familles sont allées vers la sortie et elles se sont ........................................ .

**10.** Avant de partir à cheval sur les chemins de campagne, les cavaliers préparent ........................................ .

Nom : ..........................................................  Date : ..............................

Évaluation sur les pronoms

# Ali Baba et les 40 voleurs

Guide de réussite :

| ÉVALUER | FAIRE | Élève | PE |
|---|---|---|---|
| Identifier les personnages d'une histoire et leurs désignations. | Recopier sur les pointillés les noms des personnages désignés par les mots soulignés. | | |
| Copier de manière experte. | Copier sans erreur. | | |

*Ali Baba – la femme d'Ali Baba – Kassim – la femme de Kassim – le chef des voleurs – les voleurs – Morgiane*

1. Elle découvre les bandits dans les jarres.

→ Elle : ..........................................

2. Elle est impressionnée par le trésor rapporté par son mari.

→ Elle : ..................................................................

3. Il espionne les voleurs du haut d'un arbre.

→ Il : ..........................................

4. Ils se cachent dans des jarres.

→ Ils : ..........................................

5. Il est jaloux de son frère et veut aussi emporter des pièces d'or.

→ Il : ....................................

→ son frère : ........................................

6. — Zut ! Je ne me souviens plus de la formule pour sortir !

→ Je : ....................................

7. — Nous devons chercher qui connait notre grotte.

→ Nous : ..............................................................

8. Ali Baba la libère de l'esclavage.

→ la : ........................................

9. La femme de Kassim lui prête des pots à mesurer.

→ lui : ..................................................................

# Le Petit Poucet

**texte : Brigitte Saussard**

**dessins : Cyrielle**

## Le Petit Poucet — Épisode 1

Il était une fois un bucheron et sa bucheronne qui vivaient dans la misère. Ils avaient sept jeunes garçons et n'avaient plus assez d'argent pour les nourrir.

Le plus jeune des fils était très petit mais il était aussi le plus malin. À sa naissance, on l'avait appelé le Petit Poucet car il n'était pas plus gros qu'un pouce.

Un soir, avant de s'endormir, le Petit Poucet entendit son père dire à sa mère :

— Je ne veux pas voir nos enfants mourir de faim ! Demain, nous irons les perdre dans la forêt.

La mère fondit en larmes et protesta longtemps... mais le père ne changea pas d'idée.

## Le Petit Poucet — Épisode 2

Le Petit Poucet ne dit rien à personne du secret des parents. Il attendit l'aube et sortit se remplir les poches de petits cailloux blancs.

Plus tard, toute la famille partit ramasser du bois dans une sombre forêt. Pendant que les enfants s'occupaient à faire des fagots, les parents s'éloignèrent peu à peu puis, tout à coup, disparurent.

Affolés de se voir ainsi seuls, les grands frères se mirent à pleurer et crier :

— Maman !!! Papa !!! Où êtes-vous ?...

Le Petit Poucet les rassura :

— Ne vous inquiétez pas, je sais comment rentrer à la maison ! Suivez-moi !

Et grâce aux cailloux blancs qu'il avait pris soin de semer tout au long du chemin, il les ramena au logis.

## Le Petit Poucet — Épisode 3

Pendant ce temps, les parents étaient rentrés à la maison. Un homme frappa à la porte.

— Tenez, leur dit-il. Voici l'argent que le seigneur vous doit.

Et il leur donna une bourse bien remplie.

La bucheronne acheta de la viande et à la fin du repas il en restait encore beaucoup.

La mère pensa à ses chers enfants et pleura :

— Hélas ! Où sont-ils à présent ? Dire qu'ils auraient pu profiter de ce bon repas ! Peut-être ont-ils été mangés par les loups ?

Or, les garçons venaient d'arriver à la porte. Ils entendirent ce que leurs parents disaient et entrèrent soudain.

— Nous voilà ! On est là !

Tout le monde s'embrassa joyeusement, les enfants mangèrent de bon appétit… et ce bonheur dura, tant que dura l'argent…

## Le Petit Poucet — Épisode 4

Un jour, le problème recommença et les parents décidèrent à nouveau de perdre les enfants dans la forêt. Mais ce jour-là, quand le Petit Poucet voulut sortir, il trouva la porte fermée à clé.

« Voilà qui tombe mal ! pensa-t-il. Comment vais-je faire sans mes cailloux ? »

C'est lorsque sa mère lui donna un morceau de pain qu'il trouva l'idée : « Je vais en faire des boulettes que je sèmerai sur le chemin. »

La marche en forêt fut plus longue que la première fois. Quand les parents s'éclipsèrent, le Petit Poucet n'était pas inquiet… jusqu'au moment de rentrer où il ne retrouva aucune trace du pain.

Les oiseaux s'étaient chargés de tout becqueter…

Cette fois, les enfants étaient bel et bien perdus !

Ils marchèrent au hasard… La nuit tomba, un grand vent se leva, et puis la pluie glacée… et partout des craquements, des hurlements de loups…

## Le Petit Poucet — Épisode 5

Espérant calmer ses frères qui pleuraient tant et plus, le Petit Poucet grimpa au sommet d'un arbre.

— Je vois une lumière là-bas, s'écria- t-il. Venez, nous sommes sauvés !

Les enfants eurent bien du mal à se frayer un chemin parmi toute la végétation mais finalement, ils arrivèrent à une maison. Ils frappèrent. Une femme ouvrit et le Petit Poucet demanda à passer la nuit chez elle.

— Hélas mes pauvres petits ! se désola-t-elle. Vous êtes ici chez un Ogre dévoreur d'enfants ! Pour sûr, il va vous manger !

— Ou peut-être aura-t-il pitié de nous ? insista le garçon.

Ils entrèrent et purent se réchauffer un peu.

Mais l'Ogre arriva. Vite, la femme se dépêcha de les cacher sous un lit.

— Ha ha ! fit l'Ogre de sa grosse voix, tout en reniflant l'air avec gourmandise. Ça sent la chair fraiche par ici !

Il alla droit au lit et tira de dessous, un par un, les petits malheureux.

## Le Petit Poucet — Épisode 6

Par chance, l'épouse avait cuisiné un repas très copieux et persuada son mari de garder les enfants jusqu'au lendemain…

Elle alla les coucher. Dans la chambre il y avait deux grands lits et dans l'un d'eux dormaient déjà les sept filles de l'Ogre. Chacune avait une couronne d'or sur la tête. Les frères prirent place dans l'autre lit.

Une fois tout le monde endormi, le Petit Poucet réfléchit :
« Méfiance, méfiance… Et si j'échangeais
les couronnes des filles contre nos bonnets de garçons ? »

Sans bruit, le Petit Poucet troqua couronnes et bonnets, et il fit bien !

Car dans la nuit, l'Ogre se réveilla et regretta de n'avoir pas encore tué les petits. Il marcha à tâtons vers le lit des garçons et fut étonné d'y sentir des couronnes.

Il alla donc vers l'autre lit, reconnut les bonnets et là, sans le savoir, il tua ses sept filles. Puis il se recoucha satisfait et se remit à ronfler.

Sans perdre un instant, les frères en profitèrent pour s'enfuir…

## Le Petit Poucet — Épisode 7

Le lendemain matin au réveil, l'Ogre s'aperçut de sa terrible méprise !

La colère lui monta au nez. Il chaussa aussitôt ses bottes de sept lieues et partit à la recherche des enfants. Il sillonna tout le pays à grands pas de géant.

De leur côté, les frères avaient marché de longues heures et reconnaissaient à présent le chemin. Mais soudain…

— Attention, le voilà ! alerta le Petit Poucet. Cachons-nous vite au creux de ce rocher !

Comme par hasard, l'Ogre vint se poser juste au-dessus d'eux. Mais par bonheur, il se mit bientôt à ronfler.

— Ouf ! chuchota alors le garçonnet à ses frères. Profitez-en pour filer à la maison…

Il les regarda partir. Puis tout doucement, il tira les bottes de l'Ogre et les enfila. Il fut stupéfait ! D'un coup, elles prirent la taille de ses pieds et grâce à elles, il s'éloigna à pas de géant.

## Le Petit Poucet — Épisode 8

Le Petit Poucet eut tout d'abord l'idée de retourner chez l'Ogre. Il avait un plan pour lui voler sa fortune. Mais il réfléchit et se ravisa :

« Non, je ne peux pas faire ça, sa femme a été si gentille ! Et puis j'ai déjà les bottes… »

En chemin, il apprit que le roi du pays était fort ennuyé. Le souverain avait envoyé son armée guerroyer et n'avait plus de nouvelles depuis longtemps.

Le garçonnet courut le trouver :

— Sire, lui dit-il, soyez tranquille. Je vous promets que dès ce soir, avant la nuit tombée, vous saurez tout sur vos soldats !

Il partit immédiatement et grâce à ses bottes de sept lieues, il réussit à tenir sa parole.

Le roi fut très impressionné.

— Qui aurait pu penser qu'un si petit garçon fût capable de rendre un aussi grand service ? s'écria-t-il admiratif.

Et pour le récompenser, il le couvrit d'or… Le Petit Poucet devint ainsi le messager du roi et fit de l'excellent travail. Il gagna beaucoup d'argent et sa famille ne manqua plus jamais de rien !

# Ali Baba et les 40 voleurs

texte : Brigitte Saussard

dessins : Cyrielle

## Ali Baba — Épisode 1

Il y avait une fois, dans une petite ville d'Orient, un pauvre bucheron qui s'appelait Ali Baba. Il vivait avec sa femme et leurs enfants, et il gagnait péniblement sa vie en vendant le bois qu'il coupait.

Un jour, alors qu'il travaillait dans la forêt avec ses ânes, il aperçut au loin un épais nuage de poussière. Puis il entendit un gros bruit de chevaux qui s'approchaient.

Ali Baba fut étonné et se dit :

« Ma parole ! C'est qu'ils ont l'air terriblement nombreux ! »

Aussitôt, il dispersa les ânes. Vite, vite, il grimpa dans un arbre pour se cacher et observer. Les cavaliers arrivèrent et s'arrêtèrent juste en dessous de lui. Ali les compta… ils étaient quarante. Et ils avaient tous de gros sacs bien remplis. Bien remplis ? Oui. Mais de quoi donc ?

## Ali Baba — Épisode 2

Les hommes descendirent de leur monture. L'un d'eux, apparemment le chef, écarta des broussailles et s'approcha d'un gros rocher. Il dit alors :

— Sésame, ouvre-toi !

À ces mots, le rocher se mit à rouler de côté, ouvrant ainsi l'accès à une grotte. Ali Baba croyait rêver. Toute la troupe disparut à l'intérieur avec les sacs et la roche reprit sa place.

Au bout d'un moment, la grotte se rouvrit et les hommes ressortirent tous les mains vides. Enfin le chef de la bande fit :

— Sésame, ferme-toi !

Et le rocher referma la caverne. Les cavaliers remontèrent à cheval et s'en allèrent.

« Ces gens-là m'ont tout l'air d'être des brigands ! pensa Ali Baba. Il faut absolument que je voie ce qu'ils cachent dans cet endroit ! »

Une fois seul, il descendit de son arbre et se dirigea vers le rocher.

## Ali Baba — Épisode 3

Ali Baba tenta sa chance :

— Sésame, ouvre-toi !

Aussitôt, le rocher se déplaça, le laissant pénétrer dans la caverne. L'entrée se referma derrière lui.

Ce qu'il vit alors était extraordinaire ! Partout des sacs de pièces d'or, des tas de bijoux, des pierres précieuses étincelantes, des tapis magnifiques et mille autres fabuleux trésors !

Ali emporta tout ce qu'il put. Puis grâce à la formule, la grotte se referma et il s'en alla.

Quand Ali Baba rentra chez lui, sa femme fut impressionnée devant tant de richesses.

— On ne pourra jamais compter toutes ces pièces d'or une par une ! s'écria-t-elle. Je cours chercher un pot à mesurer chez ton frère Kassim.

Curieuse de savoir ce que la femme d'Ali Baba voulait mesurer, la femme de Kassim prit soin de mettre un peu de suif sous le pot... Et lorsqu'elle le récupéra, elle eut la grande surprise de découvrir une pièce d'or collée dessous !

## Ali Baba — Épisode 4

C'est ainsi que Kassim apprit que son frère Ali Baba avait trouvé de l'or. Il se précipita chez lui car il voulait tout savoir. Et Ali, qui était bon, lui raconta tout. Aussitôt, Kassim fila à la grotte avec des ânes.

— Sésame, ouvre-toi ! lança-t-il.

Le rocher s'écarta, l'homme entra dans la caverne qui se referma ensuite. Lui aussi fut stupéfait de voir toutes les merveilles qui s'y trouvaient. Il était tout excité et courait de l'une à l'autre sans savoir où donner de la tête.

« Il faut que j'en prenne un maximum ! » pensa-t-il.

Kassim remplit tous ses sacs à ras bord, puis il dit :

— Orge, ouvre-toi !

Bien entendu, rien ne bougea. Kassim essaya une autre formule, puis une autre encore... Et plus il cherchait, plus il paniquait et plus son esprit s'embrouillait.

Au bout d'un moment, les voleurs revinrent. Ils furent tellement mécontents de le trouver là que sans hésiter, ils le tuèrent et le laissèrent sur place.

## Ali Baba — Épisode 5

À la nuit tombée, inquiète de ne pas voir revenir Kassim, sa femme courut prévenir Ali Baba. Celui-ci retourna à la grotte et trouva le corps sans vie de son frère. Il le ramena discrètement chez sa belle-sœur et demanda à la fidèle esclave de la maison :

— Morgiane, toi qui es débrouillarde, arrange-toi pour que personne ne sache que ton maitre a été assassiné. Les gens ne doivent pas savoir que la grotte existe.

Dès le lendemain matin, elle alla raconter en ville que Kassim était tombé très gravement malade.

De cette façon, la famille annonça sa mort le jour suivant.

Et il fut enterré sans que personne se doutât de rien. Quelques jours plus tard, Ali Baba s'installa dans la riche maison de son frère.

Pendant ce temps, les voleurs retournèrent à la caverne. Et là évidemment, ils constatèrent que le corps de Kassim avait disparu.

— Cela veut dire que quelqu'un d'autre connait notre secret ! pesta le chef. Il faut absolument le trouver et l'éliminer !

## Ali Baba — Épisode 6

Le capitaine des voleurs continua à parler :

— Allons discrètement nous renseigner en ville. Nous finirons bien par dénicher celui qui a découvert notre grotte.

Ainsi, à force de chercher, les brigands trouvèrent la maison d'Ali Baba. Le chef se déguisa alors en marchand d'huile et acheta autant de grandes jarres qu'il avait d'hommes, plus une.

— Cachez-vous là-dedans, leur dit-il, et surtout ne faites aucun bruit !

Il remplit le dernier pot avec de l'huile.

Alors que le soir tombait, le faux marchand se présenta chez Ali Baba avec tout son chargement.

Il lui demanda une chambre pour la nuit et sans se méfier, Ali accepta. Avant de se coucher, le chef alla en cachette donner des consignes à ses hommes :

— Vous ne devrez sortir que lorsque vous entendrez des cailloux tomber près de vous !

Pendant ce temps, Morgiane finissait son travail à la cuisine, mais sa lampe tomba en panne d'huile. Et la réserve était vide. La jeune femme décida donc d'aller en chercher dans une des jarres du marchand.

## Ali Baba — Épisode 7

En s'approchant du premier récipient, Morgiane entendit une voix demander :

— Est-ce l'heure ?

Elle fut stupéfaite… mais ne perdit pas son sang-froid.

— Non, pas encore, répondit-elle à voix basse.

La même chose se répéta à chaque vase. La jeune femme comprit vite que des bandits s'étaient introduits chez son maitre.

Elle remplit sa réserve grâce à la dernière jarre et décida de faire chauffer une grosse quantité d'huile. Puis sans faire de bruit, elle alla verser de ce liquide bouillant dans chaque pot pour tuer tous ces intrus.

Si bien que lorsque le chef lança ses cailloux comme prévu, personne ne bougea. Il s'approcha et vit que ses hommes étaient tous morts ébouillantés. Alors il se sauva à toutes jambes et pendant longtemps, on n'entendit plus parler de lui.

Ali Baba, enchanté des services de Morgiane, et parce qu'elle lui avait sauvé la vie, décida pour la récompenser, de la libérer de l'esclavage.

N° de projet : 10294895
Achevé d'imprimer en mars 2024 par Chirat - N° 202403.0207